DESTRAVE SUA VIDA

BRUNO GIMENES
& PATRÍCIA CÂNDIDO

DESTRAVE
SUA VIDA

[SE VOCÊ JÁ TEM A **VIDA** DOS SEUS **SONHOS**, IGNORE ESTE LIVRO]

Luz da Serra
EDITORA

Nova Petrópolis/RS - 2021

Capa:
Rafael Brum

Produção editorial:
Tatiana Müller

Projeto gráfico
L Aquino Editora

Revisão:
Aline Naomi Sassaki

Imagens e ícones de miolo:
Freepik.com.br
Flaticon.com

Dados Internacionais de Catalogação na Publicação (CIP)

G491d   Gimenes, Bruno.
Destrave sua vida: se você já tem a vida dos seus sonhos, ignore este livro / Bruno Gimenes e Patrícia Cândido. – Nova Petrópolis : Luz da Serra, 2021.
248 p. ; 23 cm.

ISBN 978-65-88484-31-9

1. Autoajuda. 2. Desenvolvimento pessoal. 3. Mudança de mindset. 4. Prosperidade. 5. Crenças limitantes. 6. Autossabotagem. I. Cândido, Patrícia. II. Título.

CDU 159.947

Índice para catálogo sistemático:
1. Autoajuda   159.947
(Bibliotecária responsável: Sabrina Leal Araujo – CRB 8/10213)

Todos os direitos reservados. Nenhuma parte desta obra pode ser reproduzida ou transmitida por qualquer forma e/ou quaisquer meios (eletrônico ou mecânico, incluindo fotocópia e gravação) ou arquivada em qualquer sistema ou banco de dados sem permissão escrita da Editora.

Luz da Serra Editora Ltda.
Avenida Quinze de Novembro, 785
Bairro Centro – Nova Petrópolis/RS
CEP 95150-000
loja@luzdaserra.com.br
www.luzdaserra.com.br
loja.luzdaserraeditora.com.br
Fones: (54) 3281-4399 / (54) 99113-7657

[Agradecemos a Deus por nos mostrar pessoas tão especiais, caminhos maravilhosos e oportunidades incríveis para que este trabalho se realizasse.]

SUMÁRIO

INTRODUÇÃO 9

OS MEDOS ESCONDEM SEUS MAIORES **TESOUROS** 13

ARMADILHAS QUE TRAVAM SUA **VIDA** 18

PARTE 1: DESDE O PRINCÍPIO DOS TEMPOS, ESSA É A CHAVE MAIS PODEROSA DO UNIVERSO

DNA ENERGÉTICO MODULÁVEL 55

A RÉGUA DA MENTE:
A **GRATIDÃO** O ELEVA PARA O MÁXIMO 60

O **SEGREDO** MAIS ESTRANHO DO MUNDO 70

AURA E CAMPO DE **ENERGIA** 79

JÁ FOMOS MUITO AMIGOS DA **ESCASSEZ** 83

O **EU PERSONAGEM**: É AQUI QUE SUA VIDA
VAI MUDAR PARA **SEMPRE** 88

VIROSE EMOCIONAL: ESSE É O MOTIVO PELO QUAL
APENAS PENSAR POSITIVO **NÃO RESOLVE** 94

O PRINCÍPIO DA **MANDALA** 99

AS CINCO PALAVRAS PARA MUDAR A SUA VIDA 107

TUDO O QUE VOCÊ **PRECISA SABER** SOBRE OS PARADIGMAS ... 110

AUTOIMAGEM, O PASSAPORTE PARA SER UM SUPER-HERÓI 126

SEIS CHAVES PARA **MUDAR** SEU PARADIGMA 131

PARTE 2: COMO TER SUCESSO COM O MÍNIMO DE ESFORÇO

O MODO **PERFEITO** DE VIVER **139**

VITIMIZAÇÃO OU **AUTOPIEDADE**:
VOCÊ SENTE ALGUMA DELAS? **146**

RECLAMAÇÃO: O SUICÍDIO EM GOTAS **151**

COMO O **MEDO** VEM SENDO PROGRAMADO
NO SEU CÉREBRO HÁ MILÊNIOS **158**

COMO **ELIMINAR** TRAUMAS E MEDOS **170**

VOCÊ JÁ LEVOU UMA **FLECHADA** DOS **ANJOS**? **175**

PARTE 3: VOCÊ AINDA PODE SER RICO

NOSSA **BRIGA** COM A PROSPERIDADE **184**

O **TRANSFORMADOR** CONCEITO DAS **DUAS GAVETAS** **194**

AS QUATRO CHAVES PARA **ATIVAR O AMOR** NA SUA VIDA **197**

AS CHAVES PARA **DESTRAVAR RAPIDAMENTE** A SUA VIDA
(SEM TER QUE SE MATAR POR ISSO) **209**

PERGUNTAS E RESPOSTAS SOBRE O TEMA **233**

EXERCÍCIOS TURBINADORES DO DESTRAVE **241**

PARA FINALIZAR: EXISTE UMA MÁQUINA
DE **DESTRAVAR PESSOAS** **243**

BIBLIOGRAFIA CONSULTADA **247**

INTRODUÇÃO

Vida travada. Essa é uma das manifestações que mais recebemos nas milhares de mensagens que chegam todos os dias em nossas redes e canais de mídias sociais.

Não consigo sair do lugar.

Procrastino meus projetos.

Não consigo fazer as mudanças necessárias para alavancar a minha vida.

Parece que estou numa zona de estagnação.

Minha vida está bloqueada.

Parece que tudo travou.

As coisas não andam.

Vejo pessoas menos capacitadas realizando coisas incríveis e minha vida continua a mesma porcaria.

Parece que algo mais forte do que eu toma conta do meu ser e me impede de sair do lugar.

Não suporto meu trabalho, mas não consigo me movimentar para sair.

Não suporto meu relacionamento, mas não consigo terminar.

Minha vida financeira está cada vez mais caótica e não consigo sair desse ciclo de escassez.

Minha criatividade está afetada.

As novidades pararam de surgir na minha vida.

Eu simplesmente sei que vim ao mundo para realizar muito mais, porém não sei o que fazer. Algo me impede de seguir em frente.

Se você já falou ou mesmo pensou essas frases em seus diálogos internos na frente do espelho, seja bem-vindo a este tratado chamado *Destrave sua Vida*. Aqui, reunimos toda a nossa expertise de dezoito anos atuando como terapeutas, mentores, escritores e palestrantes, desenvolvendo e destravando pessoas. Neste livro, você vai identificar quais são os fatores que o impedem de seguir, continuar, ir em frente, concluir seus projetos, dietas, metas, objetivos ou seja lá o que você sonha para a sua vida!

Todos nós temos potencialidades ocultas e talentos escondidos e podemos performar muito mais em múltiplas áreas se estivermos alinhados com todos os níveis e dimensões do nosso ser.

Este é um trabalho focado e pragmático, resultante de quase duas décadas de experimentos práticos, somado a um método inovador e ao profissionalismo, que é fruto de nossos esforços no que mais amamos fazer na vida: ajudar nossos seguidores, alunos e leitores a ser tudo o que nasceram para ser, a vencer seus limites e conquistar a vida de seus sonhos.

Esqueça teorias soltas ou métodos que alguém fez e outras pessoas testaram. Aqui você vai conhecer um método real, testado e aprimorado em nossa jornada com mais de 140 mil alunos (até a publicação deste livro). Prometemos que aqui você vai encontrar bastante estudo, pesquisa aplicada na prática, seriedade e muito preparo de dois profissionais que estão totalmente engajados na sua transformação.

Você merece ser feliz: é um direito seu.
Você merece ter uma vida saudável.
Você merece ter abundância e prosperidade.
Você merece ter reserva financeira para
realizar seus sonhos mais doidos.
Você merece fluir pela vida.

*Você merece ter uma família feliz
e ter condições de ajudá-la.
Você merece se autoconhecer.
Você merece saber interpretar seus estados
emocionais e conseguir sair de dramas internos
e crenças limitantes que o travam.
Você merece ser uma árvore grande
e frondosa que gera lindos frutos.
Você merece toda a felicidade
que a vida puder lhe oferecer.
Você merece ser tudo o que nasceu para ser.*

Que bom que você tomou essa decisão. Que bom que você vai navegar conosco nessas abençoadas páginas. Que bom que você disse "chega" para uma vida de travas e amarras. Que bom que você decidiu ser livre e manifestar todos os seus sonhos.

**Estamos felizes por fazer
parte do seu despertar,
do seu caminho de luz.**

Vamos juntos?

OS **MEDOS** ESCONDEM

SEUS MAIORES
TESOUROS

Medo, muito medo, é o que vem sendo programado na sua mente há milênios. Desde a época das cavernas, estamos preparados para o perigo iminente, construindo nossa jornada de conhecimento e principalmente de paradigmas.

Desde as épocas mais remotas, por uma questão de sobrevivência, o homem precisou aprender a lidar com o medo e construir coragem para enfrentar os desafios, mesmo em suas necessidades básicas, desde seu nascimento até a morte. Todo esse medo de morrer, de ser atacado por um animal feroz, de sentir fome, de sentir frio, de não ter recursos, gerou seus paradigmas.

Paradigmas são um conjunto de hábitos, ideias e crenças que guiam todas as suas decisões. Desde o ventre da sua mãe, tudo o que você sentiu, percebeu, viu, processou na sua mente, assimilou ou acreditou, gerou seus paradigmas, seu programa guia, que influenciará todas as decisões que você tomar na sua vida.

As travas que o impedem de ter a vida dos seus sonhos vêm desse sistema de crenças baseado no medo. Você tem força de vontade, deseja a mudança, está motivado, e até consegue tomar algumas ações, mas há algo inconsciente que o trava e você não consegue explicar por que planejou correr 10 quilômetros e ficou o dia inteiro deitado no sofá.

Destrave sua Vida vai ajudar você a encontrar seu sistema guia, rever seus paradigmas e ajustá-los no sentido de uma vida plena.

Você vai entender a sua frequência mental e os resultados que ela pode gerar na sua vida: desastrosos ou felizes. Você vai entrar em contato com a sua virose emocional, onde habita o seu eu personagem. Você vai aprender a sair da *problemosfera* e, através de uma limpeza de paradigmas negativos e crenças limitantes, chegaremos juntos a um detox do inconsciente, onde a sua transformação já começará a acontecer.

Depois de todo esse processo de desconstrução mental, será hora de criar novos hábitos, novos paradigmas, e reconfigurar sua mente com novas lentes, para que haja uma inversão de ótica e a construção de um novo caminho, dessa vez sem medo, repleto de felicidade, harmonia, prosperidade e, principalmente, leveza, para que você possa fluir pela vida.

Com passos simples e técnicas transformadoras, você desenvolverá um ponto de atração mais elevado para conquistar suas metas e objetivos. Com o que vamos lhe mostrar nas próximas páginas, sua rota será redirecionada e você estará no caminho de ser o que nasceu para ser, onde a sua prosperidade começará a brilhar continuamente.

Você aprenderá de forma simples como desfazer bloqueios emocionais e sair das travas inconscientes, além de eliminar traumas e medos antigos de maneira bastante rápida e eficaz.

Depois de trilhar essa jornada de autodescoberta e destravamento, você pode esperar alguns (ou muitos) desses fatos em sua vida:

▶ Notícias incríveis, disruptivas e impactantes;
▶ Dinheiro inesperado;
▶ Oportunidades e convites surpreendentes;
▶ Incríveis gestos carinhosos improváveis (pessoas que antes eram duronas vão agir melhor com você);
▶ Ideias incríveis tanto para resolver um problema, quanto para um projeto novo;
▶ Limpeza de ressentimentos;
▶ Limpeza de memórias de dor e mágoa;
▶ Grande aumento da sua autoconfiança;
▶ Grande aumento da sua energia vital e imunidade;
▶ Gratidão e satisfação pela vida em níveis incríveis;
▶ Surpresas boas, viagens, mudanças positivas e prêmios;
▶ Ligações e mensagens reveladoras.

O método *Destrave sua Vida* revolucionou o mundo on-line, sendo acompanhado por milhares de pessoas que estavam interessadas em sair do lugar, se movimentar, pensar e agir de forma sincronizada, planejar e conseguir executar, tendo aquela sensação maravilhosa de missão cumprida. A sensação de "consegui". De chegar em primeiro lugar no pódio da sua própria vida. De ser um vencedor sobre si mesmo, sobre o Eu Personagem, sobre seu Eu Impostor, que quer lhe convencer de que é melhor ficar de preguiça do que agir na direção dos seus sonhos.

Mas de nada adianta o nosso esforço se você não estiver comprometido com a sua transformação. Fizemos a nossa parte, dedicando muitas horas das nossas vidas para organizar esse verdadeiro tratado do Destravamento de Vida para você. Será que o seu nível de comprometimento é compatível com o nosso grau de doação para ajudá-lo?

Tudo bem, sabemos que a pergunta foi meio provocativa, só queríamos chamar sua atenção (esperamos que tenha dado certo).

Definitivamente é o seu comprometimento que vira o jogo. Se você tiver um comprometimento elevado, você vai ver a mágica acontecer e o destrave começar...

Então, mãos à obra!

ARMADILHAS

QUE TRAVAM SUA **VIDA**

Estávamos incomodados com milhares de mensagens vindas de pessoas com tanto potencial acreditando que sua vida estava bloqueada, estagnada, parada.

Pessoas incríveis, com grandes talentos, formações internacionais, famílias lindas e, ainda assim, algumas delas com vontade de cometer suicídio.

E nos perguntávamos: — Por quê? Por que pessoas fortes, altruístas, que já conquistaram tantas coisas, educaram filhos, administraram grandes empresas, enfrentaram doenças graves, sentem-se fracas, desanimadas e sem vontade de viver?

Nós, Bruno e Patrícia, temos uma grande amizade (que também se tornou sociedade e parceria) desde 2001 e uma das nossas principais diversões é sentar e conversar sobre o que está acontecendo no mundo, nos movimentos que envolvem nossos alunos e leitores. Também gostamos de acompanhar pensadores, gurus, influenciadores e, principalmente, os comentários dos nossos seguidores em todos os canais de mídia dos quais fazemos parte.

E foi na metade do ano de 2018 que percebemos uma enorme quantidade de pessoas, na monta dos milhões, falando que suas vidas estavam estagnadas, bloqueadas, e nos assustou a quantidade de pessoas que tinham todas as ferramentas na mão para ser plenamente felizes e ainda assim não conseguiam seguir em frente, porque alguma coisa sombria as impedia.

Pense um pouco...

Quantas vezes sua vida flui por um pequeno período, mas logo em seguida parece que uma força meio estranha, meio invisível, incompreensível, começa a atuar no sentido contrário dos seus próximos sonhos e objetivos?

Parece que existe algo mais forte que você, que age contra tudo isso e que tenta impedi-lo de seguir em frente, convencendo-o de que a zona de conforto é bem melhor do que os planos, metas e conquistas que você traçou, não é mesmo?

É a autossabotagem inconsciente. Ela atua dia a dia, quase sempre sem que você perceba, no sentido de encontrar meios para prejudicar sua realidade e te impedir de realizar seus objetivos, metas e sonhos.

Você sabe que beber refrigerante faz mal, mas você continua bebendo. Todos sabem que cigarro faz mal à saúde e, ainda assim, milhões de pessoas fumam. Existem campanhas em todos os lugares mostrando o mal que as drogas causam, e as pessoas entendem, compreendem através da sua inteligência e, ainda assim, se drogam. Você sabe, entende perfeitamente que precisa fazer uma atividade física para se manter saudável, certo? Então por que você chega em casa e se joga no sofá, sem força ou energia nem para se levantar? O que o impede de sair do lugar? O que faz uma pessoa compreender os conceitos racionalmente e agir de forma irracional?

Essa foi a nossa principal busca para chegar ao *Destrave sua Vida*, um método simples, que qualquer pessoa pode aplicar, que não toma quase nada do seu tempo diário e atua na limpeza de suas crenças limitantes, medos, traumas, fobias, pânicos e todos os impeditivos emocionais que fazem você agir de forma irracional. É o caminho para domar a autossabotagem.

Quando falamos em planos, metas e objetivos, as pessoas se assustam. Quando falamos em organização, algumas pessoas saem correndo e não voltam nunca mais. E a palavra disciplina, então... é capaz de a pessoa preferir a morte do que ter um pouco de disciplina! Sabemos que é difícil uma lagarta compreender a perspectiva da borboleta, porque a lagarta ainda não experimentou a transformação e a liberdade de voar por onde quiser. O mesmo aconteceria ao obrigar uma pessoa que está mergulhada na preguiça, na estagnação, no travamento, a entender o que metas, organização e disciplina podem significar!

Um dos maiores dificultadores de mudança para quem está com a vida travada é a educação que recebeu, o seu conjunto de crenças e suas convicções. Tudo o que você viu, escutou, cheirou, sentiu, ou seja, todas as informações sensoriais que você armazenou ao longo da sua vida trazem conclusões ao seu cérebro: *atenção, perigo, isso é bom, isso é ruim, esse fato pode me trazer lucro afetivo, emocional, financeiro...* todas essas informações são decodificadas pelos sentidos e fazem com que o seu conjunto de paradigmas seja montado. E quanto mais idade uma pessoa tem, mais rígida ela fica nas suas convicções e mais difícil é mudar e se transformar.

Mas após muitos anos de pesquisa e de estudos, podemos afirmar com veemência que, por pior que tenha sido sua educação e sua base de crenças, é possível se transformar se você evitar uma série de mitos e erros que as pessoas cometem o tempo todo e que acabam por estagnar e bloquear as suas vidas completamente.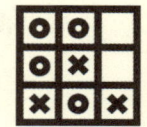

Observe que você não pode construir uma casa em um terreno que já possui uma obra. Não há como fazer uma casa se já tem outra no lugar. Então você precisará demolir uma construção para instalar outra. Assim também será no seu processo de destrave, você precisará limpar o terreno antes de começar a obra. Na prática, isso significa que, tão importante quanto aprender o que fazer é aprender o que desfazer. E também aprender o que evitar, o que deixar de errar e quais são as armadilhas deste processo.

Nesse seu caminho, tenha certeza de que todas as vezes em que você perder força para seguir em frente, significa que você se deparou com uma armadilha. Elas são situações, hábitos ou crenças que você acha que contribuem com a sua jornada, mas, na verdade, elas dificultam tudo.

Sempre dizemos que não há problema em ter inimigos, desde que você os conheça e saiba como eles agem, para que você possa se proteger e se antecipar. Porém, quando você não os conhece, não sabe como eles agem, aí você será constantemente atraído por armadilhas.

Vamos lhe mostrar muitas delas a seguir.

Com o tempo, sua autoanálise vai melhorando e você vai encontrando várias delas escondidas no seu comportamento. Aqui trouxemos as sete armadilhas mais comuns e mais intensas em nossa personalidade, e que impactam a nossa vida de um jeito terrível:

1. Acreditar que os problemas se resolvem sozinhos

Certa vez, uma pessoa muito sábia nos disse uma frase impactante: "Se Deus não tivesse as mãos do homem, o mundo seria só capim". Ele quis dizer que toda evolução tecnológica e formas que o ser humano criou para viver melhor aqui na Terra vieram da disposição de pessoas bem intencionadas e suas ações, coragem e criatividade.

Devido à aceleração desenfreada que vivemos em nossos dias, as pessoas se sentem perdidas, impotentes e imersas em sentimentos conflitantes, o que, quase sempre, faz com que elas desistam. Desistam de agir, viver, criar, pensar, interagir e se expor.

E se você está aí jogado num sofá há meses sem saber o que fazer, saiba que, por piores que sejam os seus problemas, sempre dá para agir e melhorar a sua situação. E isso só depende de você! Se você perdeu a vontade de viver e de lutar e está esperando que uma solução caia do céu, saiba que sim, existem soluções mágicas que caem do céu, e milagres acontecendo a todo instante, só que eles também precisam da sua força de ação, da sua energia com atitudes bem simples, para que a mágica possa surgir na sua vida.

Não estamos dizendo que você precisa empreender um esforço desumano para que as coisas se resolvam, mas **você precisa colocar a energia certa para que sua vida se alinhe e comece a manifestar milagres, e o primeiro passo é fazer movimentos, mesmo que pequenos, na direção dos seus sonhos, e agir de forma condizente com os objetivos que você traçou.** Vamos sair daí? Vamos fazer pequenos movimentos? Assim sua energia vai mudando, sua autoconfiança vai surgindo e você se torna uma nova pessoa. Seus problemas querem ser resolvidos, mas eles precisam de você.

2. Achar que ficar parado no "confortinho" é saudável

Tudo no universo está em constante movimentação: as galáxias, luas, sóis, planetas, as plantas, minerais, animais, a natureza e nós mesmos com todos os conjuntos de células que formam o nosso corpo. Nada para. Tudo vibra. Quando você, por decisão e livre-arbítrio opta por ficar parado, está agindo contra a natureza, contra o universo. É da natureza do gato miar, é da natureza do cachorro latir, e é da sua natureza se mexer, se movimentar, realizar suas ideias e planos.

O universo é regido por leis naturais, e tudo o que não está de acordo com essas leis, por uma questão de física simples, degrada, como uma fruta que apodrece quando é retirada da árvore. Quando o ser humano se desliga da sua árvore universal, feita de movimento constante e energia, ele se descaracteriza, se desconfigura, pois suas células ficam sem o comando de uma fonte de energia ilimitada e normalmente são abastecidas por pensamentos negativos e emoções densas, como medo, raiva, preocupação, ansiedade, estresse e culpa, que são direcionadas às células. Como essas emoções densas não são condizentes com a nossa natureza, podemos dizer que utilizamos o "combustível celular errado", e ficamos paralisados, sem rumo, sem saber o que fazer, totalmente travados, e a manifestação de uma doença grave é apenas uma questão de tempo.

Nesse momento, você pode nos questionar: Bruno e Patrícia, mas as emoções negativas não são normais na condição humana? E nós respondemos que não, elas não são normais. Elas são comuns, o que é muito diferente de normal. **As emoções densas são recursos de alerta, para que o nosso corpo saiba que alguma coisa está errada, que é preciso agir.**

A bioquímica das emoções densas é viciante e bastante tóxica para as nossas células e, quando as sentimos, elas desenvolvem neurorreceptores celulares que, com frequência, trazem uma sensação que, embora seja diferente da nossa natureza, nos sacia, ou seja, queremos sentir o prazer de comer o doce, mas não queremos engordar. Queremos sentir a adrenalina que a raiva nos traz, mas não queremos ter uma gastrite. Todas as emoções negativas têm efeitos colaterais e acabam gerando doenças físicas se sentidas por um longo período de tempo. Então lhe perguntamos agora: quais emoções negativas você mais sente e já estão se manifestando no seu corpo físico?

Para responder essa pergunta, é importante você perceber qual é o seu "órgão de choque". Por exemplo, após uma semana bem estressante e com queda de imunidade, o que acontece com você? Gripe, dor de garganta, dor de estômago, cistite, herpes, enxaqueca, contraturas musculares, dores nas costas, dores articulares...

Quando você tem autoconhecimento e sabe o que pode acontecer com você em situações estressantes, você pode ser estratégico e utilizar contramedidas para evitar essas manifestações que atrapalham a sua vida, que o levam para a tristeza, o isolamento, fazendo você acreditar que a sua vida está travada e bloqueada.

Quando você começa a se movimentar e sair do "confortinho", agindo na direção dos seus sonhos, já foi dado o primeiro passo para destravar a sua vida para sempre.

3. Cultuar a preguiça

Se você é um defensor da preguiça, provavelmente não está colaborando muito com o desenvolvimento do nosso planeta. Costumamos dizer que existem dois tipos de pessoas no mundo: as que trabalham para Deus e aquelas que dão trabalho para Deus. E, a partir de agora, quando mencionarmos Deus nesta obra, esse conceito se encaixa na concepção com que você mais simpatizar, porque essa palavra tem um significado particular para cada um de nós. Algumas pessoas acreditam que Deus é uma energia, outras ligam Deus a figuras como Krishna, Buda ou Jesus, e isso não importa neste contexto. **A questão é que estamos todos juntos aqui na Terra e tem pessoas que contribuem para o desenvolvimento do nosso planeta e outras que atrapalham o andamento do fluxo da evolução terrena. Quem é você?**

Se você está jogado num canto e é daquelas pessoas que falam: "ah, adoro ficar quieto no meu canto", é um cultuador do ostracismo e vive se escondendo, você já decidiu o seu lado. Ficar em cima do muro combina com pessoas que cultuam a preguiça e atrapalham a evolução do planeta. Não fazer nada é uma decisão. Ser negligente é uma decisão. Não ter boca para nada é uma decisão. Não opinar é uma decisão. Não se importar é uma decisão. Assim como sair da zona de estagnação e começar a criar motivação interna também é. E isso só você pode decidir.

Não estamos dizendo que isso é fácil, pois talvez você esteja passando por uma situação de luto, de doença, de estresse profundo. Porém, todas as histórias que acontecem na nossa vida têm um propósito de aprendizado, uma função educativa para a nossa alma, basta que abandonemos a zona de vitimização e que a transformemos em força para agir na direção dos nossos sonhos. Então você pode nos dizer que não tem mais sonhos...

e compreendemos que em determinadas fases escuras das nossas vidas é possível que os sonhos nos abandonem, mas, se você está vivo, pode ter metas ousadas, porque as metas são os grandes propulsores de uma vida de sonhos. Quais são as suas três maiores metas? Com o que você sonha?

_____
_____
_____
_____
_____
_____
_____
_____
_____
_____

Agora que você já definiu suas metas, comece a caminhar na direção delas, comece a se mexer, a se movimentar, agindo de forma condizente com elas. Abandone a preguiça, buscando atividades que lhe tragam prazer e satisfação pessoal todos os dias. Não deixe para descansar e se energizar apenas nas férias e finais de semana. **Crie momentos diários de prazer e leveza.**

4. Acreditar que alguém está planejando a sua vitória

Vamos lhe contar algo que talvez você não saiba: neste exato momento não existe nenhum super-herói traçando um plano mirabolante para destravar a sua vida. Acreditamos no amparo que recebemos do alto, mas também acreditamos que nós mesmos somos os agentes de cura e transformação da nossa vida. Quando você para de procurar soluções externas e busca internamente a cura de suas emoções negativas, toda a vida se organiza de uma forma harmoniosa e plena.

Aconselhamos que você pare de procurar um salvador externamente, alguém que vai lhe tirar do buraco onde você mesmo se pôs. **Somente você pode sair do lugar onde você se colocou.** Aqui no *Destrave sua Vida*, você vai encontrar a motivação e os caminhos para que você seja quem nasceu para ser e brilhe, da forma que você escolher.

Certamente existem mentores, pessoas que o inspiram e que já chegaram ao topo da montanha que você está começando a escalar. Inspire-se nesses mentores, siga-os nas redes sociais, preste atenção nos seus passos, mas a responsabilidade pelas suas ações pertence a você. Jamais culpe o seu mentor ou as outras pessoas pelos seus fracassos, inclusive, nem acreditamos na palavra fracasso, pois todas as situações onde não fomos bem-sucedidos nos trazem grandes lições e aprendizados. Jamais terceirize uma responsabilidade que é sua!

5. Culpar as outras pessoas pelos seus traumas e medos

Nas últimas décadas, estamos experimentando uma era que nos permite contratar serviços para quase tudo: cuidados com filhos, casa, alimentação, animais de estimação e serviços relacionados a saúde e bem-estar. Antigamente, as pessoas que permaneciam focadas no trabalho doméstico precisavam somar multi-habilidades para atender as necessidades da família, então investiam em seus aprendizados com cozinha, costura, jardinagem e outras habilidades de *home care*. Porém, principalmente com o crescimento do mercado de serviços, quase tudo é terceirizado, por uma simples questão de necessidade. E até aí tudo bem, pois a terceirização gira as rodas da economia e gera muitos empregos, **mas o problema é a confusão que surge em nossa mente quando decidimos terceirizar responsabilidades que cabem exclusivamente a nós.**

Precisamos ter clareza sobre o que pode e o que não pode ser terceirizado. Assim como não podemos pedir para alguém praticar exercícios físicos por nós, não podemos culpar as outras pessoas pelas nossas falhas!

A visão que nos foi ensinada desde sempre é a noção de crime e castigo, mocinho e bandido, herói e vilão. Quando algo negativo nos acontece, acionamos o mecanismo de defesa, que logo já encontra um culpado pelos infortúnios da nossa vida, que, na maioria das vezes, foram criados por nós mesmos. Quase todas as situações que nos ocorrem vêm pela lei da atração magnética e são essenciais em nosso caminho de evolução.

Além disso, o avanço da ciência, da indústria farmacêutica e da tecnologia nos traz a confusão da "pílula mágica". Assim como um simples comprimido elimina a nossa dor de cabeça, queremos algo que acelere a cura de um processo de raiva ou tristeza. **Quando falamos de pensamentos, sentimentos e emoções, o tempo de reação nem sempre é o mesmo do corpo físico.** E, embora pensamentos, sentimentos e emoções sejam processados no nosso corpo físico, o tratamento não pode ser o mesmo de uma pílula mágica, até porque remédios químicos não têm o alcance necessário para transformar a nossa alma. **Algumas coisas precisam de tempo, cuidado, análise, entendimento e autoconhecimento;** e algo que quase sempre aprendemos da pior maneira é que apenas nós mesmos somos os responsáveis pelas nossas escolhas, pela nossa felicidade ou infortúnios.

Jamais terceirize suas responsabilidades a outras pessoas. Sabemos de toda crueldade existente em nosso mundo e muitas vezes, sim, existem pessoas más que querem nos destruir. Mas a questão é: por que você atraiu essas pessoas? Por que você está "precisando" delas em sua vida? O que você precisa aprender com isso? Lembre-se de que no núcleo da mandala da sua vida está você, e tudo que está ao seu redor foi atraído por semelhança. Tome as rédeas da sua vida e, com coragem, assuma a responsabilidade por ela. Sempre é tempo de retomar seu equilíbrio e colocar a casa em ordem.

6. Viver na desorganização (bagunça interna e externa)

E por falar em ordem, se tem algo que trava completamente uma vida e até um lar é bagunça, sujeira, desorganização, tarefas acumuladas, objetos quebrados, tralhas e tranqueiras. Pode observar. Só de ler essas palavras, um mal-estar já vai tomando conta de nós. O universo é organizado, harmônico, e quando há desorganização ou um processo caótico, a natureza sempre se reorganiza e se reconstrói depois. O universo se ajusta, se arruma e, como fazemos parte da natureza, o mesmo deveria acontecer conosco, mas nem sempre é assim.

Com frequência, por falta de autoconhecimento, quando não conseguimos compreender o que nos acontece, vamos construindo uma bagunça interna, uma confusão de sentimentos, pensamentos e emoções nocivas, que acaba refletindo em nosso ambiente externo.  Vamos transferindo para os objetos as nossas frustrações, medos, apegos e tristezas...

Ao entrar em um ambiente sujo, desorganizado, com louça acumulada na pia, lixo acumulado, objetos empilhados e empoeirados, insetos se divertindo no local, raramente alguém poderá se sentir bem. Um ambiente assim apenas revela a desorganização interna e os sentimentos, pensamentos e emoções das pessoas que vivem naquele local. **Quando algo está desorganizado dentro de nós, uma boa faxina externa pode ajudar!** Talvez você tenha ódio de limpeza, organização, ordem... e nem saiba o porquê. Em geral, quando isso acontece, temos medo do enfrentamento, pois organizar a casa ou o seu ambiente de trabalho envolve conviver com lembranças, rever objetos e histórias que muitas vezes foram guardadas e esquecidas. **O grande faxinão, que recomendamos que você faça com urgência, envolve apegos, frustrações e lembranças dolorosas de pessoas que já partiram desse mundo, que já se foram das nossas vidas ou com que já tivemos conflitos e momentos de dor.** Mas, nesse caminho, também vamos encontrar lembranças boas do passado e dos momentos felizes, do porquê nossa vida valeu a pena ser vivida.

Recomendamos que você agende uma data, um final de semana ou feriado em que você tenha tempo disponível e se comprometa em organizar. Marque essa data em um lugar visível e se você tem um amigo ou familiar que você considera bom nessa atividade, convide-o, peça ajuda a essa pessoa. Comprometa-se e escolha uma área da sua vida que você sabe que precisa de mais organização, e comece por ela! Pode ser que sejam suas roupas, sapatos ou livros, enfim, você saberá; dedique-se com afinco para limpar e organizar de forma que sua vida fique mais leve e funcional nesse aspecto. **O grande faxinão é importante na sua vida, pois será um marco de transformação. Sua energia vai ficar leve e você conseguirá abrir mais espaço para que boas novidades se aproximem.**

Faça uma seleção básica daquilo que você ainda quer, daquilo que você vai doar e do que vai jogar fora. Atualmente existem livros, filmes, programas de TV e até documentários sobre sistemas de organização para tornar sua vida mais funcional. Ao contrário do ambiente descrito lá no início, imagine você chegar em um local com aroma de limpeza, onde tudo está brilhando e cada objeto tem seu lugar definido? Sua casa pode ser assim. Seu local de trabalho pode ser assim. Sua vida pode ser assim. Com esse grande faxinão, que nada mais é do que um enfrentamento de si mesmo, sua prosperidade começará a fluir de uma maneira que você jamais viu em sua vida, e uma sensação de leveza e felicidade vai tomar conta de você.

Data em que me comprometi a realizar o grande faxinão:
_____

Quem vou chamar para me ajudar:
_____
_____

Para quem vou doar ou vender o que não uso:
_____
_____
_____

Como vou organizar a entrega das doações ou vendas:
_____
_____
_____
_____
_____
_____

7. Comparar-se com os outros

Somos seres únicos e, nessa fase evolutiva da nossa história, vivemos uma experiência individualizada, o que nos permite perceber e sentir o mundo de uma forma bem particular. Isso pode ser comprovado através do nosso DNA, impressões digitais, do nosso paladar, olfato ou da maneira como vivemos e sentimos nossas experiências. Mesmo irmãos gêmeos, nascidos no mesmo momento e criados da mesma maneira, possuem personalidades diferentes, porque cada um percebe os estímulos de forma particular e personalizada, o que gera uma interpretação única. E, assim, podemos compreender que a comparação se torna desnecessária, porque todos somos diferentes... podemos até pensar parecido ou nos identificar com outras pessoas, mas somos seres únicos.

Reagimos às experiências de forma diferente, alguns reclamam, enquanto outros agradecem, alguns amam um determinado alimento, enquanto outros detestam, e essa é a tônica da evolução: **a diversidade, ou seja, evoluir com as diferenças, respeitando o ponto de vista de cada um.** Os neurolinguistas costumam dizer que os olhos são a parte do nosso cérebro que "ficou para fora", querendo demonstrar que nossos olhos estão sempre buscando milhares de referências para que o cérebro possa se guiar e escolher aquilo que é melhor para nós. Isso é saudável, mas os problemas começam quando nos tornamos viciados em comparação. Nesse momento, os olhos já não veem o que acontece dentro de nós, apenas o que acontece externamente. E no jogo da comparação, a sua autoestima nunca sai ilesa.

As outras pessoas possuem capacidades e habilidades que muitas vezes admiramos e é natural que queiramos tê-las também, mas as maiores complicações começam quando baseamos a nossa vida naquilo que observamos dos outros, o que para nossa natureza chega a soar como uma violência, quando não tem afinidade com nossa vida ou com nossa missão de alma.

Na era em que vivemos, em que o externo e o visual prevalecem sobre a personalidade e as atitudes, é comum observarmos as pessoas se perdendo em busca de um corpo ideal e de um *lifestyle* que, em alguns casos, é impossível de conquistar, com frequência, acaba se transformando em escravidão. E, nessa busca desenfreada de ser o outro, de conquistar as mesmas coisas que o outro, muitas vezes nos perdemos de nós mesmos, nos descaracterizamos e, um belo dia, quando nos olhamos no espelho, questionamos: "quem é você que não sou eu aqui dentro?" E somente em um momento de crise existencial é que vamos em busca desse autorresgate, desse autoamor que perdemos pelo caminho. Por isso, se você deseja destravar sua vida, invista no seu autoconhecimento, em terapias, na sua busca interior para encontrar a melhor versão de si mesmo, a fim de não gastar o que não tem para provar a quem você não conhece que você é uma pessoa que não é. Reflita profundamente sobre isso, pois quando nos comparamos aos outros (principalmente nas redes sociais), só estamos vendo a parte boa, mas todos nós temos tristezas, desafios, problemas e momentos de dor e solidão. A vida não é linear e muito menos perfeita. **Então aproveite os momentos de energia alta e vibe positiva para render e produzir sem se comparar, mas fazendo o melhor que você pode, pois uma coisa é certa:** a sua energia vai oscilar e, nesses momentos de oscilação, você vai precisar contar consigo mesmo. Entenda que se inspirar em outras pessoas é diferente de se comparar. Pegue como inspiração o que as pessoas têm de bom, e faça a melhor versão de si mesmo.

Agora que você conhece os sete principais mitos e erros que travam a sua vida, quais os três que acontecem com mais frequência?

Acredito que os problemas se resolvem sozinhos ( )
Acho que ficar parado no "confortinho" é saudável ( )
Cultuo a preguiça ( )
Acredito que alguém está planejando a minha vitória ( )
Culpo as outras pessoas pelos meus traumas e medos ( )
Sou desorganizado (bagunça interna e externa) ( )
Me comparo com os outros ( )

PARTE 1

DESDE O PRINCÍPIO DOS TEMPOS, ESSA É A **CHAVE** MAIS **PODEROSA DO UNIVERSO**

MAS ATENÇÃO: ELA É PODEROSA E FUNCIONA SE VOCÊ SE COMPROMETER

Se você fosse tudo o que gostaria de ser, você seria o que é hoje? Se pudesse escolher seu trabalho, independentemente de dinheiro, você escolheria o trabalho que tem hoje? Se pudesse escolher a família com que convive, seus amigos, a casa em que você mora, sua profissão, suas atividades matinais, diurnas, noturnas, você faria o que faz hoje?

Se pudesse escolher os lugares que frequenta, você iria aos mesmos lugares?

Você faz apenas o que escolheu e gosta, ou se sente preso na sua própria vida?

Você é você mesmo ou o que está conseguindo ser?

Você é você mesmo ou o que os outros querem que você seja?

Você é o que está dando para ser ou você é tudo o que pode ser?

O que permite que você seja tudo o que nasceu para ser é um profundo processo de transformação.

Você só consegue fazer as transformações necessárias quando tem mentores, acompanhamento, método e estrutura certa. As pessoas desperdiçam muito tempo sendo autodidatas e tentando fazer as coisas do seu jeito, e nós mesmos gastamos muita energia para ter resultados pífios. E chega um momento em que o cansaço vem, e percebemos o quanto fomos teimosos, cabeças-duras e que se tivéssemos trilhado o caminho certo desde o início, tudo teria sido mais fácil. Muitas vezes ficamos errando durante cinco, seis, sete anos, sem nos dar conta de que podemos buscar uma ajuda que facilitaria o processo.

É muito importante você entender que estamos ensinando coisas muito profundas neste livro, mas tudo isso vai precisar de prática e continuidade para funcionar. Nossas técnicas são poderosas para remover traumas, medos, dores, crenças limitantes, o que traz uma profunda transformação pessoal.

Garantimos que se você se comprometer com o que ensinamos, a sua vida destrava, seja qual for o seu problema: medo do futuro, falta de autoestima, aquele sentimento de não se sentir bom o bastante, medo de agir, procrastinação, preguiça. Você vai conseguir compreender que tudo isso tem uma causa e aqui, no nosso método, existem excelentes soluções para tratar a raiz desses problemas. Se você se comprometer e repetir de forma contínua as nossas técnicas e exercícios, garantimos que funciona. Estamos aqui para encurtar o seu caminho e dar o acompanhamento de que você precisa. **Se você praticar o que estamos ensinando, sua vida vai destravar, seja nos relacionamentos, na vida financeira, nos traumas, nos medos, na falta de motivação, nas desordens do sono, na baixa autoestima, na ansiedade ou na falta de confiança.** A gente garante que o que você está vendo aqui transformará completamente a sua realidade. Essa é a nossa responsabilidade, mas ela precisa ser dividida com o seu comprometimento em fazer a sua parte.

Então, a partir de agora, você assume um compromisso conosco e consigo!

Os exercícios do método Destrave sua vida são diários e limpam e eliminam autossabotagens, crenças inconscientes, traumas do passado, vibrações negativas, e a repetição desses exercícios faz o destrave acontecer.

Então, agora é hora de começar a sua mudança e destravar a sua vida.

QUEM É VOCÊ? QUEM SOMOS NÓS?

Quem somos nós? Por que vivemos? Por que existimos? Tudo nesse universo onde estamos inseridos é energia. Provavelmente você já ouviu falar nisso, porque tanto a física clássica quanto a física quântica e a ciência clássica convergem nesse ponto de que tudo é energia.

Tudo é feito de energia: você, seu cachorro, seu filho, a galáxia, essa cadeira onde você está sentado, tudo, absolutamente tudo, é feito de partículas de energia e tudo está em vibração nesse momento, em diferentes estados de condensação. Então, tudo é energia assumindo diferentes estados de vibração. A água tem um tipo de arranjo, a terra tem outro tipo de composição e agrupamento de partículas, mas tudo se trata da mesma energia. O seu corpo físico é outro tipo de frequência energética, mas tudo é feito de átomos, de moléculas, de energia, absolutamente tudo vibra e apresenta um estado de vibração. Se você escuta alguém tocando bateria, ela produz um tipo de som com vibrações diferentes, e essas batidas da baqueta determinam a frequência do som.

Não somos o nosso nome, aquele que está em nossa carteira de identidade. Podemos nos definir como a consciência que anima um corpo, e nosso corpo tem uma identidade, que pode ser nominada e fotografada. Carl Jung chamava essa força da consciência que anima um corpo de "anima", então, quando dizemos que uma pessoa está animada, ela está cheia de energia, sorridente e feliz. Quando dizemos que alguém está desanimado, é como se estivesse sem alma.

É importante entendermos aqui esse conceito de que é a energia que anima nosso corpo e que o faz funcionar, tanto que, quando alguém morre, por exemplo: o João morreu, se referem a ele como "o corpo" — o corpo de João será velado em tal lugar, como se João não estivesse mais junto ao próprio corpo que sempre esteve com ele. A gente já faz essa separação na prática, apenas não paramos para pensar sobre isso. Quando alguém morre, nos referimos ao "corpo" do Fulano, e não falamos mais seu nome, porque a alma dele não está mais ali. Portanto, só podemos ser chamados pelo nosso nome quando a alma está presente no nosso corpo, quando está animando nosso corpo, mantendo-o vivo.

A energia não é estática, e todas as ciências concordam com o conceito de que a energia nunca morre, mas muda de estado e, assim como a água muda para o estado sólido, líquido e gasoso, a energia também se modifica em diferentes estados, mas ela não morre; não é possível matar a energia, ela apenas muda de estágio e de forma.

A nossa energia é modulada, ajustada, e nossas frequências mudam o tempo inteiro de acordo com o que pensamos e sentimos. Todos os dias quando acordamos, recebemos uma quantidade de energia do universo, e isso funciona de forma igual para todas as pessoas. Essa energia é distribuída de forma igual para todo mundo que está vivo. Assim como todos aqui na Terra desfrutam de 24 horas em seu dia e não há distinção de religião ou classe social para que isso aconteça, todos nós também recebemos o mesmo quantum de luz todas as manhãs quando acordamos. Essa luz é absorvida pelo nosso chacra coronário, um ponto de energia presente no topo de nossa cabeça e associado à nossa glândula pineal. **Se, ao acordar, ficássemos concentrados em absorver essa energia, ela transitaria livre pelos pontos de energia do corpo e abasteceria todas as nossas células e glândulas com a mais pura energia vital universal.** Mas o que, em geral, acontece quando acordamos pela manhã?

Assim que acordamos e recebemos nosso quociente de luz, nós pensamos e, ao fazer isso, imprimimos a vibração de nossos pensamentos nessa energia e a modulamos com nossas emoções e vibrações. Na maioria das vezes, dependendo de como foi a nossa noite de sono, de como estão nossas preocupações, ou mesmo de como está o nosso volume de trabalho naquele dia, **podemos "estragar" essa energia sagrada que nos é dada todos os dias.**

Essa impressão e modulação acontece quando essa energia passa pelo 6º chacra, o ponto energético situado entre as sobrancelhas. Quando pensamos de forma negativa, essa energia chega danificada a todos os outros pontos de energia do nosso corpo. Por exemplo, em uma determinada manhã, você precisou acordar cedo e isso lhe deixou de mau humor, então você levantou atrasado, atropelando tudo, tropeçou em um móvel que encontrou pelo caminho, levou um tombo, ou seja, seu dia não começou bem. A tendência é que, durante o dia todo, uma sequência de fatos parecidos aconteça seguindo o mesmo padrão, porque você modulou a sua energia com o tipo de reação que você tem quando acorda, e isso é muito sério! **Tudo o que você pensa e sente altera o seu campo vibracional, altera o seu campo de energia e produz um tipo de energia modulada que pode prejudicar a sua saúde.**

É importante você entender que o pensamento gera uma energia elétrica, e o sentimento gera uma energia magnética. As emoções e os sentimentos magnetizam, e o pensamento eletrifica, por isso o campo de energia humano é conhecido como campo eletromagnético — ele é a soma do que pensamos e sentimos. Produzimos esse campo, esse tipo de energia, porque somos um campo de energia que interage o tempo inteiro com outros campos de energia de outros seres. Trocamos partículas energéticas o tempo todo com outros seres, sempre na tentativa de equilibrar nosso campo de energia. Se você está feliz e eufórico e se encontra com alguém triste e deprimido, a tendência do equilíbrio dos corpos é que você fique menos eufórico e que a outra pessoa fique mais feliz, porque ocorreu a troca de partículas.

O sentimento que vibra no chacra cardíaco pode vibrar 5 mil vezes mais forte do que o pensamento, porém não é tão direcionado. Já o pensamento possui um foco como se fosse um fio laser, que atua de forma bem pontual em tudo, então, o campo de energia do coração, que é o campo magnético, atrai mais aquilo que desejamos do universo, mas não é tão direcionado como a energia do pensamento.

Mas e se juntarmos o foco laser e eletrificado do pensamento com o campo cardíaco magnético do sentimento, que tem o poder de atração 5 mil vezes maior? Juntando a força elétrica e focada do pensamento com a força magnética e atrativa do sentimento, nos tornamos seres ultrapoderosos e podemos atrair para nossas vidas tudo aquilo que quisermos!

O pensamento, embora seja um campo elétrico, pode ter a energia mais fraca do que o coração, porém, ele é o endereçador, o determinante do endereço daquilo que você quer. Por exemplo, vamos pensar em uma conquista, como prosperidade. De nada adianta ter uma força de atração magnética e não ter na mente as metas claras que você deseja conquistar. Por isso, ficar apenas repetindo que pode e consegue utilizando a sua energia mental dificilmente vai atrair prosperidade. É a união da força magnética do sentimento com a força elétrica da mente que vai atrair e produzir os resultados que você deseja na sua vida.

E quando alguém só sente rancor, ressentimento, tristeza, mágoa? O que acontece? Nesse caso, a pessoa une o campo magnético de sentimentos negativos com o campo elétrico de pensamentos pessimistas e atrai acontecimentos do mesmo padrão para sua vida. E é nesse momento que sua vida trava. E provavelmente é por isso que este livro atraiu a sua atenção. Então, aproveite que você está aqui para, de uma vez por todas, aprender esses conceitos e se reeducar.

Se sua vida está travada, não é culpa sua, porque talvez você não tenha recebido o apoio e a educação de que precisava, não foi treinado de forma adequada, não sabia o que sabe hoje e, por isso, cometeu erros no passado; por isso, este é o momento de se perdoar, e isso é extremamente importante para você conseguir destravar sua vida. **O perdão é fundamental.**

Mas vale lembrar que perdoar não é esquecer. Muitas pessoas confundem perdão com esquecimento. Acham que é preciso deletar o que aconteceu para conseguir perdoar alguém ou a si mesmo. Perdoar significa reinterpretar uma situação, fazendo uma nova leitura sobre fatos do passado e entendendo por que aquela situação foi necessária e quais aprendizados podem ser extraídos dela. Reviver os sentimentos de algo que aconteceu sem uma nova leitura só serve para ferir e machucar sem nenhuma utilidade, fazendo com que você ande em círculos sem chegar a lugar nenhum ou, ainda, fazendo com que você regrida em seu processo evolutivo. Porém, quando você compreende que, na época em que errou, não tinha tanta maturidade e conhecimento como tem hoje, começa a compreender também que precisou daquele processo no passado para que seu amadurecimento fosse possível, e que você conseguiu superar e chegou até aqui.

Você é a soma do seu agora mais os anos de vida que compõem todas as experiências que fizeram você chegar neste momento presente. Você é a soma de todas as suas experiências, portanto, erros, acertos, traumas e dores fazem parte desse processo. E se você está aqui, vivo e lendo este livro, tudo o que você passou, independentemente do que aconteceu, foi para que pudesse aprender. Por mais dolorosa que seja a situação, como a perda de um filho ou o enfrentamento de uma doença grave, isso sempre nos traz algum tipo de aprendizado.

A Terra é uma escola e estamos aqui para nos desenvolver e, se você chegou até aqui, é mérito seu, pois sobreviveu a todas as suas batalhas. Está vivo! Então é hora de aproveitar essa oportunidade somada às suas experiências para fazer melhores escolhas e decolar sua vida, enxergando sua história com mais amor e mudando suas atitudes daqui para frente, mudando seu karma para atrair situações positivas e elevar seu ponto de atração.

Sempre podemos fazer diferente a partir de agora e alçar novos voos. Uma vida de tranqueiras cansa muito. E você deve estar cansado dessa vida travada, estagnada, parada e onde nada acontece. É uma vida cansativa. É uma vida chata. E chega um ponto em que você fica de arrasto pela vida, e se joga no seu sofá, como se ele fosse um buraco negro que te atrai todos os dias e lá você vai ficando sem nenhuma perspectiva, sem ânimo e sem energia para nada, nem mesmo para dar um sorriso ou tomar um banho. Quando você chega nesse ponto da vida, ou você reage ou morre **e, se chegou até aqui, é porque quer reagir e, se quer reagir, estamos aqui para te ajudar.**

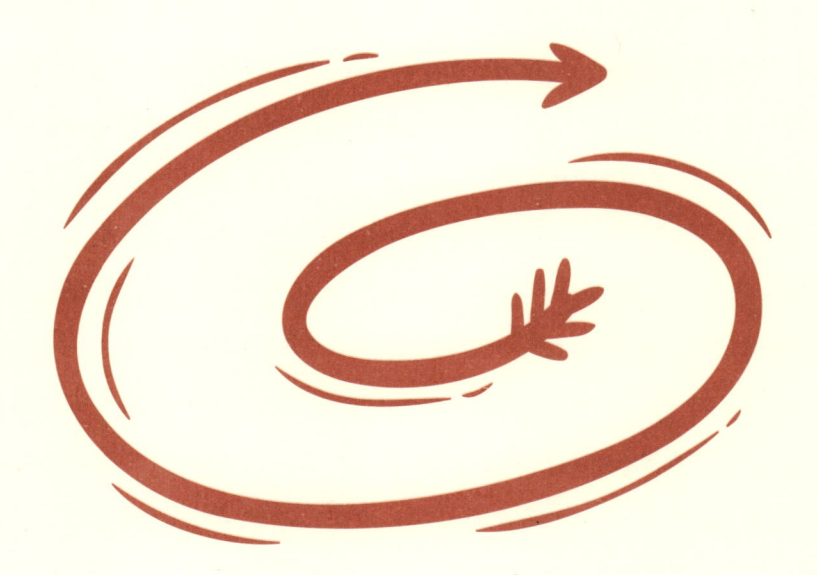

SUCESSO É VIBE BOA!

[DNA ENERGÉTICO MODULÁVEL]

Nós somos energia e, em 2002, quando o mundo começou a conhecer a física quântica, surgiram comprovações do que os esotéricos pensavam antigamente. No final do século XIX e início do século XX, surgiu uma linha filosófica chamada Pensamento Novo, na qual vários especialistas, como Earl Nightingale, começaram a dominar o rádio.

Nightingale, considerado por muitos como o pai da autoajuda, começou a falar sobre o poder da vibração humana. Mais tarde, a física clássica saiu do casulo, dando voz à física quântica, **então começamos a compreender que não existe separação entre matéria e energia.** Nesse contexto, surgiu o conceito de que tudo é matéria, e que a matéria é feita de energia. Por exemplo, pegue uma partícula do seu smartphone e coloque num microscópio superpoderoso — quanto mais diminuímos o tamanho das partículas, mais nos aproximamos de uma massa de energia.

Os gregos antigos chamavam as pequenas partículas de átomo. E o que é o átomo? A definição da palavra átomo é "indivisível": portanto, a matéria é feita de moléculas, as moléculas são feitas de átomos e os átomos são feitos de energia.

Os pesquisadores antigos desejavam chegar à menor partícula da matéria. Então, qual é a sua menor parte? Qual é a menor parte de um ser humano? Os gregos chegaram à conclusão de que era o átomo, por isso colocaram essa tradução, "indivisível", e isso nos dias de hoje é considerado uma piada, pois já fomos muito além do átomo. Você é composto de átomos, nós somos compostos de átomos.

Agora precisamos compreender o conceito de livre-arbítrio, de que você define a sua realidade, de que **você cria o seu universo, não apenas quando você faz um exercício de visualização, mas todos os dias, a cada momento, a cada conversa, a cada história que você conta,** você está criando a sua realidade. E você deve estar se perguntando: "Quer dizer que se eu for até um centro de pesquisa ultramoderno, pegar uma parte minha (cabelo, unha, amostra celular) e colocar num microscópio superpoderoso, e esse aparelho for reduzindo milhares de vezes o tamanho dessa amostra, vou encontrar uma massa de energia?" SIM! Não há separação entre matéria e energia.

Antes falamos da estrutura de nossos pensamentos e sentimentos. E quando falamos de pensamento, é como se ele fosse a frequência de um rádio. Em um aparelho de rádio, temos nossas estações preferidas, como 89.3 ou 107.1, e é o pensamento que determina essa direção, que dita o endereço, a frequência com a qual queremos nos conectar. Por exemplo, vamos supor que a frequência da raiva seja 89.3 e que a frequência do amor seja 107.1. Existe algo que aumenta muito o volume desse rádio, o volume da "música" que está tocando: o sentimento. Quando compreender esse conceito, você entenderá que é o criador da sua própria realidade. E, acima de tudo, vai entender algo que algumas pessoas já estão compreendendo... Você já ouviu falar do DNA?

Os pesquisadores de genética estudam o nosso DNA e, através dessas pesquisas, explicam muitas coisas. Existe, no entanto, o DNA energético, e também algo lindo: enquanto muitas linhas científicas defendem que o DNA físico é impossível de ser mudado, o que você pensa e sente influencia na sua matéria, e como matéria é energia, o que você pensa e sente influencia quem você é. Muitas vezes acreditamos que sabemos tudo sobre palavras positivas e ficamos repetindo palavras e frases bonitas, porque aprendemos em algum livro ou programa. No entanto, com frequência, não nos damos conta de que **ficamos 80 ou 90% do nosso tempo mergulhados em nossos pensamentos e sentimentos sabotadores,** muitas vezes entre o tempo de resposta sobre o que alguém falou e o que você está pensando ou julgando sobre aquele tema.

Os nossos diálogos internos são os maiores moduladores do que pensamos e sentimos. Pensamento dá direção, e sentimento dita a intensidade, e é a união dos dois que revela quem você é e o que está atraindo para a sua vida. Temos um resultante energético, assim como temos uma impressão digital, um aroma particular na pele ou um tom de voz específico. Temos nossas características específicas e intransferíveis, ou seja, cada um de nós tem um DNA energético modulável.

E por que falamos que é modulável? Porque ele é o seu ponto de atração. No universo, tudo é matéria ou energia, sendo que matéria é energia aglomerada e energia é matéria dispersa. Esse campo de energia é modulado pelos nossos pensamentos e sentimentos. Então, cada vez que você se olha no espelho e critica uma ruga, você está modulando seu DNA energético. Cada vez que você liga a TV e sofre assistindo notícias ruins, você está modulando seu DNA energético. Tudo o que você pensa e sente quando adia um sonho, discute com alguém, quando seu filho o decepciona, quando se sente passado para trás em um relacionamento ou, então, quando, mais uma vez, você não consegue conquistar suas metas, **tudo isso vai construindo o que chamamos de DNA energético modulável, ou ponto de atração.**

Quanto mais amor sentimos, mais prósperos nos tornamos. E você pode estar questionando em sua mente: *"Ah... mas conheço pessoas ricas que não são amorosas..."* Claro, talvez elas sejam *apenas ricas* e não prósperas. **Se a pessoa só tem dinheiro e não tem felicidade, ela não é próspera!** Prosperidade é um conjunto de muitas coisas, e não apenas um amontoado de dinheiro e bens.

[BRUNO GIMENES & PATRÍCIA CÂNDIDO]

A RÉGUA DA MENTE: A **GRATIDÃO** O ELEVA PARA O MÁXIMO

A régua da mente é um instrumento que criamos em 2004, para facilitar a visualização e monitoramento do ponto de atração dos nossos leitores. Ao vigiar constantemente nossos pensamentos, sentimentos e emoções e classificá-los na régua da mente, conseguimos medir nosso ponto de atração e o quanto estamos próximos da vibração perfeita para atrair prosperidade e uma vida de sonhos.

> Podemos observar que no topo da régua está o amor, que é a partícula universal presente em todas as manifestações da vida. Nos estudos da filosofia ao longo da História, o objetivo principal da maioria dos filósofos era encontrar a partícula fundamental que está presente em tudo e age sobre todos. Na filosofia, essa partícula se chama *arkhé*, a substância primordial e fundamental presente em todas as manifestações da vida. Alguns filósofos modernos chegaram à conclusão de que essa partícula fundamental é o que chamamos de amor.

POLARIDADE	NÍVEL	ASPECTO
ZONA POSITIVA	10	amor, compaixão
	9	devoção, humildade, perdão
	8	desapego, caridade
	7	felicidade, alegria, harmonia
	6	generosidade, bondade
	5	crença, disciplina, confiança, paz, fé, positividade
	4	otimismo, atitude
	3	calma, tolerância
	2	serenidade
	1	passividade
ZONA NEUTRA	0	monotonia
ZONA NEGATIVA	-1	perfeccionismo e curiosidade (em excesso)
	-2	rebeldia, birra, falta de iniciativa, nostalgia, indiferença
	-3	ansiedade, preocupação, dependência, falta de fé
	-4	futilidade, vaidade, preguiça, fofoca, pessimismo
	-5	posse, ciúmes, apego, egocentrismo, implicância
	-6	orgulho, lamentação, reclamação, angústia
	-7	paixão, vitimização, mágoa
	-8	fascínio, fanatismo, inveja, ceticismo, desespero
	-9	raiva, rancor
	-10	ódio, vingança

A vibração e a energia do amor uniram todas as partículas de matéria até formar o nosso mundo. Aqui não estamos falando de sentimentos de posse e paixões obsessivas que muitas pessoas entendem como amor, mas de um amor livre, desapegado, gentil, baseado em *mahakaruna*, palavra em sânscrito que define o sentimento de servir ao próximo com alegria, doação, caridade e compaixão. O amor possibilitou a materialidade e permitiu que tudo se encontrasse, que tudo se formasse: um animal, uma rocha, as correntes marítimas, as árvores de uma floresta, a Lua e o Sol, nós, você que está aí nos lendo, tudo se uniu por amor. Para que essa aglutinação de partículas se tornasse possível, o amor se manifestou e uniu tudo o que é sólido.

O amor é a energia mais elevada do nosso universo. É o que há de mais iluminado e abençoado. Quando você vibra na gratidão, você se aproxima do amor, que está no topo da zona positiva, e quando você reclama, se aproxima da energia de vingança, que na nossa régua está na zona negativa, próxima ao ódio.

Tudo isso parte de um processo decisório: **você decide o tempo todo onde quer estar, onde quer vibrar, onde quer se sintonizar.** Onde você quer sintonizar seu DNA energético modulável? Em qual parte da régua você está nesse momento? A decisão é sempre sua. Onde você quer vibrar? A gratidão ajuda a elevar seu estado vibracional, ajuda a elevar a sua vibe para que você se sintonize definitivamente com o fluxo de energia da prosperidade. Quem vibra no amor é muito próspero.

Quanto mais amor sentimos, mais prósperos nos tornamos. E você pode estar questionando em sua mente: "Ah... mas conheço pessoas ricas que não são amorosas..." Claro, talvez elas sejam apenas ricas e não prósperas. Se a pessoa só tem dinheiro e não tem felicidade, ela não é próspera. Prosperidade é um conjunto de muitas coisas, e não apenas um amontoado de dinheiro e bens.

Cuide do seu ponto de atração. **Fotografe a régua da mente e a mantenha sempre por perto, pois ela é ótima para que você consiga vencer seus paradigmas e seu Eu Personagem.**

O ponto de atração funciona como uma conta bancária: por exemplo, você tem o seu cartão de crédito e sai pelas lojas gastando. Vamos supor que você gastou mil reais, mas naquela semana você recebeu 2 mil, então a sua conta ficou positiva. E é isso que precisamos avaliar o tempo todo: a situação da nossa conta bancária de pensamentos e sentimentos, de acordo com o nosso modo de viver e de encarar as situações do nosso dia a dia.

Por exemplo, se você participou de uma reunião em que se estressou profundamente, desce um ponto na sua régua do DNA energético. Mas vamos supor que, depois dessa reunião, você se sentou num banco de praça e ficou por alguns minutos contemplando a natureza e acalmando a mente.

Essa situação já faz subir alguns pontos da régua emocional e energética. Depois disso, a vida continua acontecendo, e se você sente gratidão pelo banco de praça, por ter a visão perfeita e por poder admirar a natureza, uma energia boa vai tomando conta de você e mais alguns pontos elevam a régua da mente, fazendo seu ponto de atração subir.

No entanto, vamos supor que você conseguiu manter seu ponto de atração até o final do dia, quando pegou seu carro e saiu. O trânsito estava terrível, já começando no estacionamento, que estava com uma fila enorme, aí você foi ficando bravo, muito bravo. Para completar, seu filho ligou e contou algo terrível que ele fez, e quando você finalmente chegou em casa, todos já estavam dormindo e você não tinha ninguém para dividir suas angústias... **Esse é um dia típico de muitas pessoas no mundo.** A questão é que a repetição de dias assim faz a régua da mente despencar, e seu ponto de atração começa a atrair apenas situações negativas, então você se torna uma pessoa repelente das boas energias.

A partir de um fato que o deixou bravo, se lhe faltar percepção para enxergar que seu ponto de atração está correndo riscos e começar a reclamar, esbravejar e entrar nessa onda de energia negativa, pelo menos mais umas dez ocorrências do mesmo tipo vão acontecer, simplesmente porque **existe uma lei natural que diz que semelhante atrai semelhante.** Se você está mergulhado em pensamentos densos, sentindo raiva, estresse, preocupação, você vai trazer mais disso para sua vida.

Cada acontecimento de ordem interna, mental e emocional, modula seu campo de energia, e nós chamamos isso de régua da mente, o que significa que você tem um DNA energético modulável. A cada um será dado conforme suas obras, e você, em essência, é o resultado daquilo que pensa e sente. Somos ímãs e estamos em constante atração de eventos semelhantes aos nossos pensamentos, sentimentos e emoções. O que estamos emanando, estamos impregnando e, ao impregnar, nos tornamos seres disseminadores.

Existem muitas leis da física, e uma delas é "o objeto entra em harmonia com a vibração de mesmo padrão", então podemos entender que uma das características da energia é vibrar, e vibrar é frequência. Podemos definir frequência como o endereço da vibração, frequência é uma característica da energia. Cada um de nós vibra em frequências diferentes, e é isso que torna cada ser único.

A grande sacada para você destravar sua vida é saber alimentar pensamentos, emoções, sentimentos e atitudes de forma independente, sem depender de ninguém. Você pode até ter ajuda de um coach, terapeuta, padre, pastor, de nós, escritores, mas a ação é sua, e a responsabilidade também. É você que define o seu DNA energético modulável, porque a definição desse DNA consiste no endereço no qual você se encontra no universo, e nas ondas com as quais o universo entra em harmonia. Ele entra em harmonia com o quê?

Agora é hora de parar e fazer uma reflexão: Quem sou eu? Qual é a minha assinatura energética? Qual é o meu DNA energético modulável? Lembre que ele atrai mais do mesmo. Se na régua você se encontra em (-3), está chateado, então pare tudo e vá elevar seu ponto de atração, pois quanto mais ignoramos nosso ponto de atração, mais forte fica o magnetismo para situações negativas.

A maioria das pessoas acredita que tem o direito de ficar mal porque algo de errado aconteceu com elas. E sabe qual é a resposta? Sim. Todos nós temos o direito de ficar mal, mas **podemos escolher o aprendizado em vez da dor.** Não existe um Deus particular que fica cuidando de cada um de nós, mas existe um campo de força, uma consciência que chamamos de Deus e que opera através de leis naturais, e uma dessas leis é o princípio da vibração, que utiliza a lei da atração, fazendo com que você atraia mais do mesmo.

Nesse exato momento, tudo em que você precisa prestar atenção é em qual vibração você está. Faça uma varredura do seu dia e comece a perceber como estava sua vibração no início da manhã, perto do horário do almoço, no início da tarde, no final da tarde, à noite... treine anotando o que estava sentindo (medo, alegria, raiva, preocupação, concentração, nojo, estresse, baixa autoestima, desconfiança, julgamento, tristeza, intuição, criatividade, frustração, orgulho, raiva, vaidade...) em cada momento:

Como me senti no dia de hoje:

Ao acordar _____

No meio da manhã _____

Na hora do almoço _____

No início da tarde _____

No meio da tarde _____

No final da tarde _____

No início da noite _____

Na hora de dormir _____

Imagine que você está se arrumando pela manhã para ir trabalhar, está um frio terrível, a temperatura está muito baixa. Quando você vai colocar seu sapato, ele está molhado. Você fica bem chateado. Mesmo assim, decide sair de casa a pé, porque, embora esteja frio, quer se exercitar. No caminho para o trabalho, você tromba em alguém em uma calçada, uma pessoa distraída que estava saindo de um prédio e não o viu. A pessoa, assustada, começa a xingá-lo e esbravejar palavras desagradáveis. Depois de tudo isso, uma boa prática seria falar para si mesmo mentalmente:

> "Para, para, para, para tudo agora. Respiiiiiiiira. Acalma. O meu DNA energético modulável está me trazendo situações iguais."

Quando sentimos angústia ou medo do futuro ou a sensação de que ninguém nos entende e de que só atraímos gente ruim, ou qualquer que seja a situação ruim que esteja acontecendo na nossa vida, isso é apenas a resultante da qualidade do nosso DNA energético modulável, que muitas vezes está contaminado de paradigmas negativos e crenças limitantes. Porém, só o fato de você estar aqui, dando atenção para isso, já muda e qualifica seu ponto de atração. **Prestar atenção e monitorar o que pensamos e sentimos é um dos maiores segredos para destravar sua vida.**

*Então, tudo o que você **sentir** e não tiver o **AMOR como BASE** degrada a sua energia, acaba com ela. Quando não há amor, **falta comando mental**, e um corpo sem comando é um corpo doente.*

[BRUNO GIMENES & PATRÍCIA CÂNDIDO]

[O **SEGREDO** MAIS ESTRANHO DO **MUNDO**]

Considerado por muitos como o pai da autoajuda e do Pensamento Novo, Earl Nightingale foi um dos primeiros autores a falar de pensamento positivo. Ele descobriu, em suas pesquisas, que o seu pensamento e sentimento dominante atrai mais do mesmo na sua vida, ou aquilo que chamamos de mindset, que nada mais é do que a nossa configuração mental.

Para onde sua mente está apontando? Para o que exatamente ela está configurada? O que se passa dentro da sua cabeça? Que tipo de mindset você tem? Como você pensa?

O seu mindset, a sua estrutura mental, é o somatório de todas as experiências que você já viveu nessa vida, e **o progresso de um indivíduo é amplamente determinado pelo seu** estado mental predominante. **Sendo assim,** é fundamental considerar o que você pensa na maior parte do tempo.

Existe uma proporção de 70/30 em que a nossa mente consegue suportar e limpar os pensamentos negativos. Em 70% do seu tempo diário, são pensamentos negativos ou positivos que habitam sua mente? Você deve estar se perguntando o porquê desse número, não é mesmo? É porque 30% é mais ou menos o tempo que a nossa mente suporta pensar em situações negativas. Quando isso acontece, a nossa própria mente consegue limpar esses dados e nossa energia se mantém equilibrada. Quando passa de 30%, surtar é uma possibilidade. Se a sua mente é uma central de coisas negativas, pode acontecer o contrário: você passar 70% do seu tempo pensando e sentindo coisas ruins e incondizentes à sua natureza, e apenas 30% com foco em situações positivas. Se você passa 70% do seu tempo magoado, sentindo medo, com raiva de alguém, se sentindo injustiçado, se sentindo vítima, sem perspectiva ou se sentindo pra baixo, pensando em coisas ruins e vibrando em uma sintonia tóxica, você está agindo contra a sua natureza.

E toda pessoa que nada contra a correnteza de um rio fica cansada, exausta e sem energia. A situação é de desespero. A pessoa perde as esperanças por estar lutando contra algo muito mais forte do que ela. Vamos supor que o nosso corpo seja uma correnteza na qual podemos navegar com tranquilidade ou tentar lutar contra ela. Quando você sente amor, exerce sua criatividade, sente alegria, prazer em estar vivo, se comunica impondo limites e valorizando quem você é, tem sentimentos bons, vive numa situação harmônica e desenvolve sua espiritualidade, você está navegando a favor da sua correnteza, tranquilamente. Quando você mergulha na mídia, nos noticiários, nos remédios, na dor, na tristeza, na reclamação, desconfia de todo mundo, sente muito medo, raiva, angústia, ressentimento, preguiça e ansiedade, tudo isso é nadar contra a sua correnteza, porque o seu corpo não foi feito para sentir isso.

E não há nada de errado em sentir coisas negativas, como medo, mágoa ou tristeza e todas as outras de que falamos anteriormente. Você pode sentir o que quiser e isso faz parte do seu livre-arbítrio... ou seja, não está errado, mas não é vantajoso para você sentir tudo isso, porque esses pensamentos, sentimentos e emoções negativas são incondizentes à natureza humana e intoxicam nosso organismo, gerando doenças quando sentidos e vivenciados por muito tempo.

As emoções negativas são recursos de alerta que nos avisam que algo está errado, que, dentro de nós, alguma coisa se desequilibrou. O nosso maior desafio é combater esses pensamentos, sentimentos e emoções negativas que geram substâncias viciantes e acabam entrando em contato com as células, gerando neurorreceptores. Com isso, podemos nos viciar em sentir mágoas, medos e dores da alma.

Se o nosso corpo fosse um carro, os sentimentos, pensamentos e emoções seriam o nosso combustível. Assim como não colocamos limonada para abastecer o nosso carro, colocar emoções negativas no nosso corpo seria querer que um carro andasse com um combustível incompatível com ele, prejudicando nossa saúde. Ao focar nossa vida em sentimentos e emoções tóxicas, criamos um campo eletromagnético que atrai cada vez mais situações complicadas e negativas para as nossas vidas.

Outro exemplo: é provável que na sua casa você tenha uma máquina de lavar roupas e uma cafeteira. A máquina de lavar precisa ser abastecida com sabão em pó e amaciante de roupas, e a cafeteira, com pó de café, pois esse é o objetivo das máquinas, é a missão delas nesse mundo — lavar roupas e fazer café, respectivamente. O que aconteceria se colocássemos pó de café na máquina de lavar roupas e sabão em pó e amaciante na cafeteira? As duas máquinas não cumpririam o seu propósito, por estarem com o combustível errado, o que ainda poderia inutilizar as máquinas para sempre.

Utilizando essa metáfora, imagine um corpo humano que sente raiva há trinta ou quarenta anos,

DESTRAVE SUA VIDA

73

que não superou uma mágoa há vinte anos, que carrega tristezas há décadas? Lembre-se sempre: pensamentos, emoções e sentimentos negativos podem intoxicar seu corpo até matá-lo, e isso é muito sério. Fomos feitos para sentir amor, é a nossa matriz original. Portanto, tudo o que você sentir e não tiver o amor como base degrada a sua energia, acaba com ela. Quando não há amor, falta comando mental, e um corpo sem comando é um corpo doente. As células são um conjunto de trabalhadoras e formam uma equipe, por isso precisam de comando, diretrizes e saber para onde ir e o que fazer. Em um corpo sem comando, as células não têm uma unidade, ficam perdidas, cada grupo começa a agir individualmente e com objetivos diferentes — **isso significa que está faltando combustível nesse corpo:** AMOR.

Atenção: não estamos sendo fatalistas. Esta é apenas uma constatação de quem está nesse meio das terapias naturais há duas décadas, estudando e pesquisando sobre isso. Quando você usa o combustível errado, você estraga sua vida, seu corpo e sua saúde. Você precisa, então, começar um processo de reeducação, de reforma íntima, para fazer melhores escolhas e começar a pensar e sentir de forma mais qualificada, e se concentrar naquilo que é mais vantajoso para você, que vai lhe trazer mais paz de espírito e qualidade de vida. **Estamos felizes que você esteja aqui conosco, porque até o final desta obra**

você estará completamente diferente de quando começou, ou seja, transformado e treinado para fazer melhores escolhas.

Sendo assim, o seu estado mental líder, ou seja, o que você pensa na maior parte do tempo, determina a direção em que os acontecimentos da sua vida devem seguir. O seu pensamento líder e a sua força mental definem quem você é. Se você só pensa em desgraça, é desgraça que você vai atrair para a sua vida. Lembra quando falamos anteriormente que o pensamento é elétrico, como um foco laser? O pensamento interage com o universo o tempo inteiro, nós geramos partículas daquilo que pensamos e elas ficam gravitando ao nosso redor e, assim, o universo entende isso como um pedido, como um formulário de solicitação, e envia mais situações semelhantes. Sendo assim, **você pode fazer uma escolha e prestar mais atenção naquilo em que pensa na maior parte do seu dia, e anotar como no exercício anterior,** para monitorar a sua energia. Você pode anotar, escrever, fazer um autoexame e se perguntar "Por que estou sentindo esse medo?", "Por que estou sentindo essa raiva?"

É preciso treino nessa questão de se autoquestionar e olhar para si. Queremos recomendar, instigar que você faça isso mais vezes durante o seu dia, que você tome as rédeas da sua vida daqui para frente e comece a valorizar o seu tempo, pois o tempo é o maior ativo que temos aqui na Terra. Não tem nada que seja mais precioso e valioso que o nosso tempo... e o que você tem feito com ele? Está desperdiçando deitado no sofá, reclamando da vida ou fazendo coisas que não agregam em nada e ainda te deixam infeliz? Ou você aproveita bem o seu tempo? Que tal aproveitar melhor o seu tempo, se concentrar em coisas boas e promover um pensamento líder que faça sua vida decolar, em vez de se concentrar em pensamentos e sentimentos que fazem a vida rolar por um despenhadeiro? Proponha-se a subir e seguir na mesma direção dos seus sonhos.

Com o pensamento líder, modulamos e transformamos nosso campo de energia o tempo inteiro. Lembre-se sempre de que seu pensamento é um campo elétrico e seu sentimento é um campo magnético, e essa força eletromagnética é que determina como a sua vida vai ser e quais tipos de situações você irá atrair. Por exemplo, existem pessoas que acordam pela manhã, abrem os olhos e agradecem pela oportunidade de mais um dia para viver, aprender e seguir em frente. A pessoa que acorda assim já tem a certeza de que o dia será maravilhoso, feliz e de que tudo vai dar certo. Já outras pessoas se chateiam por terem acordado, pois prefeririam ter morrido durante o sono a ter que enfrentar um novo dia e dizem: "Puxa vida, que tristeza ter acordado mais um dia..."

Então, quem é você?

A pessoa que agradece as novas oportunidades ou a pessoa que reclama até de ter acordado?

Se você é a pessoa que agradece, parabéns e continue assim, mas saiba que essa gratidão é um sentimento e não apenas palavras proferidas da boca pra fora, por isso, preste atenção se essa gratidão vem da alma, se tem profundidade. E se você é a pessoa que reclama, agora é a hora de fazer a mudança e de encarar seus recomeços como novas oportunidades de aprender, de se curar e se transformar. As pessoas costumam encarar os recomeços como se estivessem saindo do ponto de partida, e isso não é verdade. Se você está recomeçando, precisa somar o ponto de partida a todos os anos de suas experiências de vida e tudo que aprendeu, viveu e experienciou desde o dia em que nasceu. Então, se você tem 35 anos, precisa considerar o recomeço, mais 35 anos de experiência de vida, que vão lhe ajudar a não cometer os mesmos erros do passado.

> **Lembre-se a todo instante:** tudo o que você pensa e sente produz um campo de energia que interage com o universo o tempo todo, e o seu pensamento líder é o fator determinante de tudo o que você vai atrair para a sua vida.

Exercício:

No que penso a maior parte do tempo? _____
_____
_____
_____
_____

Qual é meu pensamento líder? _____
_____
_____
_____
_____

Quais emoções me governam? _____
_____
_____
_____
_____

Em quais situações já utilizei a frase "isso é mais forte do que eu"? _____
_____
_____
_____
_____

[AURA E CAMPO DE ENERGIA]

A aura é uma expressão que vem do latim e significa "sopro"; ela pode ser fotografada, medida, identificada... e o que isso significa?

Significa que o seu estado energético (a resultante do que você pensa e sente) está localizado na sua aura, por isso você observa comportamentos e sensações que capta no ar. Em algum momento já passamos por situações assim: temos uma ideia e alguém fala sobre ela, às vezes chegamos em um ambiente e a outra pessoa começa a bocejar, ou pode ser que você esteja em uma reunião e, quando você vai expressar sua opinião, alguém fala antes exatamente o que você ia dizer... Por que isso acontece? **Porque a nossa aura se funde com a energia das auras de outras pessoas o tempo todo,** trocando partículas na tentativa de se equilibrar, e isso não acontece apenas no reino humano, mas em todos os outros: plantas, minerais e animais trocam energia o tempo todo dentro do campo eletromagnético do planeta. E como atualmente a aura pode ser medida, fotografada e quantificada, nós mesmos já fizemos um trabalho de análise com mais de 3 mil casos de fotos da aura, chamado bioeletrografia.

Esse contexto do que você pensa e sente muda a sua vibração e muito do seu DNA energético modulável e, além de atrair mais do mesmo, faz com que você compreenda o conceito mais forte do que vamos mostrar daqui para frente: **"O QUE VOCÊ VÊ, VOCÊ ACREDITA, E O QUE VOCÊ ACREDITA, VOCÊ REPLICA"**. A partir de agora, vamos falar muito sobre paradigmas e como transformá-los, porque compreender esse conceito é muito importante para aprender a definir que tipo de ímã você é, que padrão de DNA energético modulável você tem e qual é o seu ponto de atração, pois é isso que está trazendo mais do mesmo para a sua vida e fazendo com que sua vida esteja travada em algumas ou muitas áreas. Talvez a sua base de crenças esteja tão arraigada que você esteja criando conversas mentais para se justificar, como: "Ah, vocês estão dizendo isso porque não perderam um filho" ou então "Não me diga isso, pois vocês não têm uma doença congênita" ou, ainda, "Vocês dizem isso porque não são pobres como eu".

O que você precisa compreender é que esse é o nosso papel, e vamos falar sobre isso, sim, pois estamos aqui para ajudar a sacudir seus pensamentos e mostrar que você pode se transformar. Talvez nós acreditemos no seu potencial mais do que você mesmo, e tem algo que podemos garantir: quando você conseguir fazer uma pequena alteração no seu DNA energético modulável, alguns milagres já começarão a surgir e mudar a sua percepção, lhe trazendo mais confiança e segurança para seguir em frente. E talvez, nesse processo, você perceba que não se trata de nenhum milagre, mas da capacidade que você tem de modular as leis naturais e usá-las a seu favor. Por isso, é importante você se concentrar e continuar essa leitura até o final, participando e fazendo os exercícios que propomos. **Você pode manifestar verdadeiros milagres, sim.**

Resumo:

1. Somos energia. Energia tem vibração. Vibração tem frequência. As coisas que você pensa e sente modulam sua frequência e definem a sua realidade.

2. Seu DNA energético vibra na frequência resultante dos seus pensamentos e sentimentos. Atua como uma conta bancária, e o dinheiro, nesse caso, é a positividade.

3. Tudo que você atrai para a sua vida vem do seu estado mental predominante.

4. Utilizamos a expressão DNA energético modulável como uma forma de metáfora para explicar o ponto de atração.

Tudo, absolutamente tudo que você atrai para a sua vida vem do seu estado mental predominante, do seu pensamento governante.

Esteja sempre atento a isso.

[BRUNO GIMENES & PATRÍCIA CÂNDIDO]

[JÁ FOMOS MUITO AMIGOS DA **ESCASSEZ**...]

Navegando pelas páginas desta obra, você pode ter a ideia de que nossas vidas sempre foram prósperas e abundantes, mas, acredite, já experimentamos muitos níveis de escassez. Já existiram épocas em que não tínhamos dinheiro para nada e chegamos a passar por vários tipos de situações humilhantes e vergonhosas.

Por isso, acreditamos que assim como existe o ponto de atração, também existe o ponto de dor ideal que nos faz buscar ajuda, ou seja, quando a dor se tornou insuportável, nos obrigamos a agir e procurar uma maneira de nos transformar. Naquela época, não tínhamos recursos financeiros para buscar os melhores mentores e gurus da área, então buscamos alternativas que pudessem nos ajudar com os recursos disponíveis. E às vezes é apenas isso que precisamos: DECIDIR.

Quando uma pessoa toma uma decisão, a história dela já mudou. Decidimos que queríamos prosperar e a opção que tínhamos eram os livros. Só que não tínhamos recursos financeiros para investir nem mesmo em livros. Então procuramos amigos que pudessem nos emprestar, procuramos bibliotecas, enfim, a partir do momento em que você decide fazer a mudança, o universo se ajusta e conspira a favor. Quando sobrava algum dinheiro, investíamos em livros que não eram apenas lidos duas ou três vezes, mas estudados com uma visão muito profunda e buscando a aplicabilidade das técnicas ensinadas pelos autores. Muitas vezes não precisamos de tanta sabedoria, inteligência ou sapiência, precisamos apenas de dedicação e persistência. E foi isso o que fizemos.

Nesse momento, percebemos algo muito importante: por mais que estivéssemos fazendo técnicas de visualização e acreditando em tudo que fazíamos, tinha algo que muitas vezes ia contra tudo o que estávamos fazendo, que era o pensamento predominante, o governante de todo o processo. Nesse caso, nosso pensamento predominante era o de economizar, ter medo de tudo que era caro e uma preocupação constante se teríamos ou não dinheiro suficiente para pagar as contas.

Para exemplificar melhor, essas eram as nossas conversas mentais sobre a área financeira e a prosperidade, áreas em que mais sofríamos na época:

"Eu preciso economizar... hummmmmm... não sei se vou ter o suficiente... então é melhor eu comprar o que for mais barato."

"Eu não sei se terei o suficiente para pagar minhas contas... Não... isso é muito caro para mim."

Esses eram os pensamentos predominantes o tempo inteiro. Então, durante alguns minutos do dia em nossas técnicas de visualização criativa, nos víamos com prosperidade e abundância, mas no restante do tempo os diálogos mentais predominantes eram extremamente tóxicos e escassos.

Porém, de tanto insistir nas técnicas que aprendemos nos livros, aconteceu um grande clique em nossas vidas. Fomos almoçar juntos em um restaurante muito, muito barato. E normalmente preço está vinculado à qualidade. Quando chegamos lá, o restaurante era sujo — não apenas o piso, mas até os pratos e talheres tinham péssimas condições, além de o atendimento ser muito ruim. Dava medo de comer qualquer coisa que havia lá. Saindo do restaurante, Patrícia falou:

"Bruno, tudo bem que você está ajustando sua vida financeira, tudo bem que você está economizando dinheiro, mas isso não dá... olha esse restaurante! Colocamos os cotovelos na mesa e ficamos com os braços engordurados... Bruno, capricho é tudo! Você está com um pensamento de 'mais barato, mais barato e mais barato' e isso nunca vai atrair prosperidade! O seu pensamento dominante é 'eu não mereço o mais caro, eu só mereço o mais barato, tenho que economizar'".

Nessa situação do restaurante, o melhor seria usar esse dinheiro gasto lá e ir ao mercado, comprar algo e fazer a comida com capricho e higiene na sua própria cozinha.

Não importa qual situação está travando a sua vida, você precisa **descobrir qual é o pensamento dominante sobre o assunto.** Aqui mostramos uma situação sobre prosperidade travada, mas poderia ser na área de relacionamentos, profissão, família, carreira, autoestima, intelecto, saúde, peso corporal ou qualquer outra.

Tudo, absolutamente tudo que você atrai para a sua vida vem do seu estado mental predominante, do seu pensamento governante. Esteja sempre atento a isso.

Para que tenhamos **SUCESSO** na *quebra* de nossos paradigmas e sistemas *de **crenças limitantes*** que nos governam desde sempre, são necessários **exercícios diários e repetição**.

[BRUNO GIMENES & PATRÍCIA CÂNDIDO]

[O **EU PERSONAGEM** (É AQUI QUE SUA VIDA **VAI MUDAR** PARA **SEMPRE**)]

Todos nós estamos imersos em uma experiência nesse planeta da dualidade. Aqui na Terra, tudo se divide em dois polos, inclusive o próprio planeta tem polo Sul e polo Norte. Na química, aprendemos que existe o próton, a partícula positiva, e o elétron, a partícula negativa, além do nêutron, o ponto zero, ou ponto de equilíbrio, e essas leis da química e da física regem tudo o que está inserido na Terra.

Somos seres feitos de energia, com todas essas partículas positivas e negativas em constante oposição, na tentativa de se equilibrar na dança da vida. Dentro de cada um de nós existem duas forças que chamamos de Eu Superior e Eu Inferior. A maioria dos seres humanos não é totalmente boa, santa ou iluminada e nem totalmente cruel, ruim e desprovida de compaixão. Às vezes nos desequilibramos, pendendo mais para um lado do que para o outro e permitimos que nosso Eu Inferior seja o comandante da nossa vida. O Eu Inferior também é conhecido como Eu Personagem.

Preste atenção: você tem um Eu Superior e um Eu Personagem. O Eu Superior sabe o que é bom para você, ele é ilimitado e acredita que pode tudo. Ele não acha que você só pode comprar o que for da promoção, ele não acredita que precisa entrar em qualquer relacionamento só para não ficar sozinho, não acha que aquela casa ou aquele carro muito simples é suficiente para você, ele não acha que qualquer emprego está bom. O Eu Superior acredita que sua vida está boa se for compatível com a realização da sua alma, quando ela se sente livre, sendo tudo aquilo que ela pode ser, em todo o seu potencial.

Então, quem é o Eu Inferior? É o seu Eu Personagem, revestido de medo, ego, vaidade, tristeza, ansiedade. **O Eu Inferior ou Eu Personagem é criado pelo seu DNA energético modulável, que atrai mais do mesmo o tempo todo.**

Para que haja a reversão desse ciclo de atração de situações negativas, precisamos mergulhar profundamente em um processo que vamos explicar em seguida: se trata da quebra dos paradigmas. Para que tenhamos sucesso na quebra de nossos paradigmas e sistemas de crenças limitantes que nos governam desde sempre, são necessários exercícios diários e repetição. É simples, mas exige dedicação. Nós encontramos o caminho e estamos compartilhando tudo isso com você!

É importante entender que existem situações que acontecem com você e, muitas vezes, você nem faz ideia dos motivos pelos quais elas estão ocorrendo. Para começar a enxergá-las e corrigir essa rota, é necessária uma inversão de ótica, uma mudança de visão.

O Eu Personagem tem uma vibração bem característica: é formado por um sistema de pensamentos, sentimentos e emoções que possuem como base o medo e o ego negativo; e, utilizando-se desses elementos nocivos, ele consegue modular o DNA energético, atraindo mais do mesmo. Os pensamentos, sentimentos e emoções que se originam no medo e no ego negativo são: raiva, mágoa, obsessão, pânico, tristeza, rejeição, preocupação, estresse, ansiedade, angústia, baixa autoestima, vaidade, sentimento de menos valia, preconceito, crenças limitantes, controle, maledicência, julgamento, ódio, rancor e tantos outros. Nem precisamos nomear todos eles, porque cada um de nós tem uma bússola interior e sabemos quando estamos sentindo algo bom ou ruim, não importa o que seja.

Vamos supor que você seja empresário, e em sua mente surja a seguinte conversa: "Está tão difícil contratar bons funcionários!" Pode até ser que as dificuldades tenham aumentado, que o mercado de contratações esteja mudando. Mas quanto desse "difícil" é uma realidade e quanto foi criado pelo seu Eu Personagem, que modulou seu DNA energético para que você acreditasse que é difícil?

Por que pessoas nesse exato momento estão prosperando enquanto outras estão na miséria?

Por que algumas pessoas estão se curando enquanto outras estão adoecendo?

Por que algumas pessoas estão fazendo projetos que transformarão o mundo enquanto outras estão criando desculpas para se tornar cada vez mais invisíveis?

As pessoas que conquistam metas, prosperidade, saúde e transformam o mundo estão com seu DNA energético modulável ativado pelo Eu Superior, enquanto as pessoas que estão sofrendo, naufragando em um verdadeiro mar de problemas, estão com seu DNA energético modulável conectado ao Eu Personagem, ou Eu Inferior. A eterna briga entre o bem e o mal, entre Deus e o Demônio, é uma batalha travada dentro de você o tempo todo. É a guerra entre o Eu Superior e Eu Inferior, entre o Eu Essencial e o Eu Personagem. Você determina o tempo todo, através de suas decisões e atitudes, se atrai mais luz ou mais sombras, e é por isso que você pode se dedicar a observar também de quais grupos participa, quem são as pessoas que o rodeiam e o tipo de pessoas que você tem atraído para sua vida.

Uma das melhores definições de sucesso que já escutamos é: sucesso é vibe boa. Então, se sua energia é guiada pelo seu Eu Superior e você está atraindo boas situações e pessoas para a sua vida, o sucesso é uma consequência garantida.

O Eu Personagem sempre quer coisas diferentes daquilo que sua alma deseja. Como o Eu Personagem é movido pelas crenças limitantes, ele gosta de usar frases prontas, principalmente ditados e frases validadas como sabedoria popular. Por exemplo: "nunca troque o certo pelo duvidoso". Essa é uma frase muito conhecida pela sabedoria popular, porém, se ninguém tivesse se arriscado na História da Humanidade, talvez ainda não teríamos descoberto o fogo ou a roda. O Eu Personagem tem toda a sua estrutura baseada no medo e, por isso, ele o trava completamente, porque você começa a se tornar uma pessoa medrosa, podendo até chegar ao estágio de uma síndrome do pânico, que poderá paralisá-lo para sempre.

Para driblar e até mesmo exterminar o Eu Personagem, sustentando mudanças consistentes, duas regras de ouro são fundamentais: sintonia elevada e mentores.

> **1. Sintonia elevada –** manter sua energia alta o tempo todo, ou seja, seu ponto de atração precisa estar elevado.
>
> **2. Mentores –** procurar os conselhos de pessoas que já conquistaram as metas que você deseja atingir.

Hoje, as mais avançadas pesquisas de ciência genética demonstram que o ambiente onde as células estão inseridas exerce mais influência na saúde delas do que o próprio DNA físico. Logo, o ambiente em que você vive tem mais tendência a deixá-lo doente do que a sua própria genética. E a energia de um ambiente é o resultado das emoções, pensamentos e sentimentos das pessoas que ali vivem. A qualidade do ambiente onde vivemos é responsabilidade de todas as pessoas ali presentes, e aqui você está vendo as ferramentas para se tornar imune ao que é ruim e ativar o que é bom.

É importante você absorver muito bem esses conceitos para começar as mudanças necessárias que vão destravar sua vida.

[VIROSE EMOCIONAL: ESSE É O MOTIVO PELO QUAL APENAS PENSAR POSITIVO **NÃO RESOLVE**]

O seu DNA energético modulável é determinado pela combinação de pensamentos e sentimentos, que criam um campo eletromagnético e geram o seu ponto de atração, que sempre vai atrair mais do mesmo, por isso, só pensar positivo não resolve, porque o sentimento é que traz a força, o campo magnético de tudo o que atraímos para a nossa vida.

Em seguida, vamos conhecer o conceito de virose emocional e, quando você o entender, vai começar a atrair a prosperidade para sua vida com mínimo esforço; e dinheiro de fontes inesperadas começará a surgir. Se você dominar a virose emocional, a sua vida destrava agora mesmo.

Os exercícios do último capítulo deste livro **(Exercícios Turbinadores do Destrave)** ajudam a remover a virose emocional, as crenças limitantes, os paradigmas, fazendo a limpeza do Eu Personagem, para que suas decisões, atitudes, comportamentos, pensamentos, emoções e sentimentos sejam guiados apenas pela essência do seu Eu Superior.

Então, por que não adianta apenas pensar positivo? Além de tudo o que já enfatizamos, de que é necessário sentir juntamente com pensar para formar o campo de atração eletromagnético, existe outra questão muito importante: na maioria das vezes, você não está consciente do que está pensando e sentindo, por isso, somente pensar positivo e de forma consciente não vai resolver seus problemas. Mesmo quando você acredita que está pensando e sentindo de forma positiva, existe todo um universo gravado em seu inconsciente que também está atuando, com suas crenças limitantes e paradigmas.

Enquanto você faz exercícios de visualização criativa, repete verbalmente o que deseja atrair para sua vida, declara mentalmente o que deseja, como: "Desejo atrair um grande amor" ou "Quero vencer a insônia" ou, então, "Quero ter autoestima e confiança", "Desejo ter minha própria empresa" ou, ainda, "Quero viajar pelo mundo com uma mochila". **Não importa a sua meta ou o seu objetivo, enquanto você grita seus desejos aos quatro ventos, existe uma emoção predominante inconsciente que sabota cada uma dessas metas, querendo outra coisa, algo diferente daquilo que você deseja de forma consciente.**

Essa vibração inconsciente é um mecanismo ancestral de defesa, avisando que algo pode dar errado, que você precisa ter cuidado, se defender de predadores. A emoção governante, ou predominante, vibra 95% em seu Eu Inferior ou Eu Personagem, fazendo com que os medos, crenças e paradigmas governem a sua vida.

Você cria autossabotagens internas baseadas no medo que vem se acumulando em sua vida há muito tempo, vindo de todos os estímulos que você recebeu e das experiências que viveu e estão arquivados nesse Eu Inferior, que é um impostor, apenas um personagem, muito diferente do Eu Superior, seu Eu Verdadeiro. **Não adianta nada declarar a mudança que você quer na sua vida se as suas memórias e programações interiores estão vibrando em uma frequência antagônica às suas metas e objetivos.**

Existe um exercício bem importante para o seu autoconhecimento. Converse com seus pais, tios, irmãos mais velhos, ou seja, pessoas que acompanharam a sua infância e pergunte: como você era na sua infância, como era seu modo de agir, como eram as pessoas com quem você convivia, como eram seus amigos, peça para que contem histórias como exemplos e falem das dificuldades que enfrentavam, como era a vida financeira naquela época, quais livros liam, quais programas de TV assistiam, peça para que falem com detalhes.

Toda a carga de memórias, dificuldades, alegrias, amigos, crenças, histórias, brigas de escola, mudanças traumáticas e doenças ainda vivem dentro de você de forma inconsciente.

Então, por mais motivado que você esteja em conquistar tudo o que deseja agora, seja algo material ou não, existe a influência de toda essa carga inconsciente, e você, conscientemente, deseja ir para uma direção, porém, o seu Eu Inferior ou Eu Personagem deseja ir para outro lugar, sabotando tudo aquilo que você deseja. **Chamamos esse processo de autossabotagem de** virose emocional.

A virose emocional é um processo de autossabotagem governado pelo seu Eu Personagem para que você aja na direção contrária aos seus sonhos, por isso apenas pensar positivo não atrai o que você deseja. É necessário pensar, sentir e também limpar os paradigmas e as crenças limitantes instalados em nossa mente através do Eu Personagem. **Ao longo desta obra, estamos mostrando como fazer essa limpeza e se libertar de vez dessas amarras que travam sua vida.**

Não adianta nada declarar a **mudança** que você quer na sua **vida** se as suas memórias e programações interiores estão *vibrando* em uma FREQUÊNCIA antagônica às suas *metas e objetivos.*

[BRUNO GIMENES & PATRÍCIA CÂNDIDO]

O PRINCÍPIO DA **MANDALA**

 Os grandes mestres da Humanidade, como Buda, Jesus, Yogananda, Chico Xavier, Leonardo da Vinci e tantos outros, tinham como foco de vida uma motivação comum aos seres iluminados: Mahakaruna. Essa palavra tem origem no idioma sânscrito e sua tradução se aproxima de "amor em servir e ajudar o próximo". Se essa motivação guiasse todos os seres humanos, teríamos um mundo mais cooperativo, justo e amoroso. Mahakaruna é a capacidade que temos de estender a mão, oferecer ajuda e amenizar a dor do outro, e é essa a nossa real motivação como autores: ajudá-lo em seu processo de transformação.

 Tudo que faz parte da criação de Deus ou Fonte, Universo, Buda, Krishna, Alá, Energia, Espírito Santo e tantos outros nomes — e você é livre para nomear como soar melhor aos seus ouvidos, independentemente de crença ou religião —, ou seja, tudo é guiado por uma lei natural e universal, e tudo está conectado ao princípio da mandala.

As mandalas estão presentes em todas as hierarquias naturais e em todos os elementos. Nosso universo é feito de energia circular, com mandalas presentes desde as células do nosso corpo até a íris do olho ou a barriga de uma grávida; os círculos estão presentes em todas as esferas da criação. Seus olhos, o Sol, a Lua, a Terra, a Via Láctea ou a flor na natureza são mandalas. Tudo o que acontece na natureza obedece ao princípio da mandala, ou seja, parte de um núcleo, que vai se expandindo, crescendo e tomando forma. Você mesmo, que está aqui lendo esta obra, um dia já foi um pequeno ponto no ventre da sua mãe, começando sua vida por um núcleo que foi se expandindo até se tornar o que você é hoje. Cada animal, cada ser presente na natureza, mesmo a maior árvore do mundo, começou com uma semente, em um pequeno ponto, que foi crescendo e se expandindo. Qualquer coisa, por mais grandiosa que tenha se tornado, começa pequena, e inicia seu processo pelo núcleo. Seja qual for a meta que você deseja atingir em sua vida, antes do processo de materialização, é necessária uma ideia, inspiração e um desejo muito forte, que vai se magnetizando através do sentimento, até que esse pequeno ponto esteja preparado para se expandir.

Se você deseja algo, o primeiro passo é fecundar essa meta, e isso se faz através do desejo, da intenção e do sentir, começando pelo centro, pelo núcleo. Faça seus planos e ancore a energia do pensamento e sentimento para que esse núcleo se forme. Podemos definir o núcleo da meta como um motor, uma massa de energia que dará forma a todo o resto, como a maquete de um prédio, que, embora ainda não esteja construído, nos dá uma boa ideia do que vai ser quando a obra for executada.

Essa meta precisa ser alimentada, fermentada até começar a se expandir, como tudo o que acontece na natureza. A maior provedora de energia para suas metas é a sua própria consciência, que agrega seus pensamentos, sentimentos e emoções. A sua consciência molda o seu DNA energético modulável e ele prepara a sua energia tornando-a compatível com suas metas, desejos e conquistas. Sendo assim, tudo que vier para a sua vida será uma resultante do seu ponto de atração.

O DNA energético modulável é o núcleo, o ponto de origem da sua meta; ele forma a massa de energia, a esfera de luz, que começa a materializar o que você deseja. Se essa massa de energia perder a consistência, contaminada pela sintonia tóxica das emoções negativas, ela não consegue dar forma aos seus desejos e não tem força suficiente para se materializar. Ao contrário, se através do seu Eu Superior, focado em sentimentos, emoções e pensamentos alinhados à sua essência, você consegue fortalecer essa massa de energia, tornando-a cada vez mais forte, ela se torna o núcleo perfeito para criar a realidade que você deseja.

Tudo o que você atrai para a sua vida é um aviso do seu DNA energético modulável, por conta da sua vibração dominante. Se estão acontecendo situações negativas, traumáticas, desgraças na sua vida, isso significa que seu DNA energético não está em sintonia com a energia positiva.

Tudo o que você viveu desde que nasceu trouxe ensinamentos importantes para sua vida, modulou seu DNA e atraiu situações boas e más, logo, tudo o que aconteceu é de sua responsabilidade e de mais ninguém, pois atraímos as situações e pessoas para que possamos aprender com elas, independentemente de serem situações benéficas ou maléficas, por isso, muitas vezes você poderá se sentir culpado por ter atraído determinadas situações.

Contudo, para seguirmos em frente com uma vida destravada e fluida, é importante compreender que o sentimento de culpa só baixa seu ponto de atração, e que é muito importante limparmos a estrada do passado com o autoperdão para que possamos seguir em frente. Se você cometeu falhas, erros e fez más escolhas, isso se deu por inexperiência ou ignorância, ou seja, você não teve o conhecimento necessário para lidar com aquelas situações.

E agora, com esse novo conhecimento que você está adquirindo, é hora de utilizar o passado apenas como um arquivo que pode ser consultado de vez em quando para evitar novos erros e seguir olhando apenas para frente. Sim, somos responsáveis por nossas escolhas e podemos, honestamente, assumir essa responsabilidade (o que é bem diferente de sentir culpa), mas também devemos nos autoperdoar e compreender que todos nós de vez em quando fazemos más escolhas e isso faz parte dos nossos aprendizados. Com isso, liberte-se também da necessidade de culpar os outros.

Em vez de se contaminar com diálogos internos como, por exemplo, "a culpa é do meu pai" ou "a culpa é do meu chefe" ou "a culpa é da minha sogra", substitua esses pensamentos compreendendo que, nas situações em que você os culpa, eles foram seus professores. Pergunte-se: *"Por que precisei de uma mãe como essa? O que aprendi com ela?"*, ou então: *"Por que atraí uma sogra como essa, e qual lição posso extrair dessa situação?"*

Muitas pessoas que se encontram em um mar de problemas optam por caminhos que anestesiam sua percepção, como as bebidas alcoólicas, as drogas e o consumo de ansiolíticos e antidepressivos. O que essas pessoas não percebem é que estão apenas cobrindo o Sol com a peneira, porque anulam sua percepção de realidade, e apenas adiam a solução dos problemas, que se tornam cada vez maiores e mais difíceis. Muitas vezes nossos diálogos internos nos levam ao caminho da autossabotagem. Perceba aonde seus diálogos e negociações internas o estão levando... Se você é o tipo de pessoa que diz: "Puxa, estou tão triste, vou beber uma cervejinha" ou "Ahhhhh... estou de baixo astral, então vou fumar um cigarrinho", saiba que um vício é construído de gole em gole, de cigarro em cigarro, discreta e vagarosamente.

Ninguém decide ser um viciado. A pessoa experimenta algo para aliviar a própria dor e vai consumindo mais da substância até não conseguir mais parar e isso se tornar um vício. Sempre que procuramos um alívio em substâncias viciantes, na verdade, estamos procurando uma ilusão que nos afaste dos problemas que precisamos resolver, encarar, enfrentar.

Problemas não podem ser esquecidos, devem ser enfrentados! Por isso faça uma checklist dos seus principais problemas e pense nas soluções para cada um deles. Só o fato de listar e pensar em como eles poderiam ser solucionados já estabelece uma comunicação com o universo, e as soluções começam a se apresentar.

Por outro lado, postergar a solução de problemas é uma tendência humana, porque resolver situações desagradáveis exige sair da zona de conforto, fazer ajustes e mudanças que, na maioria das vezes, nos incomodam. Resolver problemas é treino, e é muito melhor resolvê-los quando ainda são pequenos. Seja imediatista na resolução de problemas, pois se sua vida está travada, é muito provável que você esteja varrendo a sujeira para debaixo do tapete há tempos.

Se você tivesse agido quando o problema deu o primeiro sinal, talvez sua vida não estivesse travada. Ajuste seu foco, encontre força interior, coragem e determinação para assumir suas escolhas, boas ou más, e enfrentar as consequências dos seus atos, sem ficar culpando as pessoas e se vitimizando para seus amigos. E parabéns a você que está aqui lendo essas páginas, buscando autoconhecimento, porque é assim que a vida começa a destravar.

Hoje os três maiores problemas que preciso resolver são:

1. _____

2. _____

3. _____

Sempre que procuramos um **alívio** em substâncias viciantes, na verdade, estamos procurando uma ilusão que nos *afaste dos problemas* que precisamos resolver, ENCARAR, enfrentar.

[BRUNO GIMENES & PATRÍCIA CÂNDIDO]

AS **CINCO PALAVRAS** PARA MUDAR A SUA VIDA

Para destravar completamente a nossa vida, só precisamos de cinco palavras:

Apenas
Decida
A
Sua
Meta

Apenas decida a sua meta: são as cinco palavras que definem o nosso sucesso, porque, ao decidir, manifestamos ao universo o nosso desejo e vamos formando a energia necessária para concretizar nossos sonhos. A tomada de decisão é um processo de suma importância na conquista de metas, pois, sabendo qual é a direção dos seus sonhos, se torna muito mais fácil caminhar nesse sentido.

Uma das coisas que mais nos entristecia na época em que ministrávamos cursos presenciais pelo Brasil era ver pessoas sem brilho no olhar e (acreditem) sem metas. Uma pessoa que não tem metas já morreu. Apenas está sobrevivendo dia após dia, desperdiçando o tempo do universo e, literalmente, empurrando a vida com a barriga. Isso não é viver, mas apenas sobreviver, empurrar.

Se hoje você não tem metas, lembre que um dia você já teve sonhos, um dia você quis evoluir e melhorar em vários aspectos da sua vida. Se hoje isso não está acontecendo, pode ser proveniente de algum trauma, alguma dor ou sentimento de fracasso pelo qual você tenha passado. E não se preocupe com isso, porque, de modo natural, até o final desta obra, você vai sentir vontade de voltar a sonhar novamente. **Lembre-se de que tudo o que você conquistou na vida partiu de uma decisão que você tomou**. Se você se casou, isso partiu de uma decisão. Se você se formou, isso também partiu de uma decisão. Tudo o que sua vida se tornou é resultado de suas escolhas. Então, a partir de agora, apenas decida a sua meta.

Minha principal meta de vida é:

_____
_____
_____
_____
_____
_____
_____
_____
_____

Depois de uma certa maturidade e de insistir em CAMINHOS que só nos levam para baixo, todos nós começamos a nos **questionar**:

"Sou o que quero ser ou o que os outros querem que eu seja?"

[BRUNO GIMENES & PATRÍCIA CÂNDIDO]

TUDO O QUE VOCÊ **PRECISA SABER** SOBRE OS PARADIGMAS

Quando falamos "Apenas decida a sua meta", temos um pensamento e um sentimento. O pensamento dá a direção, como se repetisse "eu quero, eu quero, eu quero", e o sentimento dá a força necessária. Então o pensamento e o sentimento começam a modular o DNA energético modulável, entretanto, o pensamento e o sentimento dominante é que realmente criam o seu DNA energético modulável, e é aí que tudo começa a acontecer.

Quando começamos a ministrar os seminários do Criador da Realidade (atualmente esse treinamento evoluiu e se chama Aura Money®) de forma presencial pelo Brasil, citávamos alguns exemplos para ilustrar, e um deles era a história de um consultante de nossos tempos de consultório. Sugeríamos exercícios, que gravávamos com nossa própria voz em pendrives e CDs para que as pessoas fizessem em casa. No retorno das consultas, normalmente as pessoas diziam o seguinte, em tom de lamentação: "Bruno, Patrícia, faço tudo o que vocês pedem, aplico os exercícios, e não tenho resultados... o que estou fazendo de errado? Por que na minha vida tudo dá errado?" E nós respondíamos: "É isso que você está fazendo errado".

Ainda assim, a pessoa não enxergava que a lamentação, a dor, a emoção negativa que ela colocava no processo é que fazia com que tudo desse errado em sua vida. O objetivo declarado pelo pensamento é diferente do objetivo sentido pelo sentimento. Quando você decide a sua meta, quando a coloca no papel, mas seus sentimentos não estão alinhados e você está cheio de dores emocionais, a sua meta se torna incompatível com a sua realidade, danificando o processo de conquista das metas. Muitas vezes você nem percebe, mas está infectado pela virose emocional.

Essa rajada de informações é para você se dar conta de que a qualidade das suas emoções influencia diretamente na sua capacidade de conquistar os seus sonhos. Mais de 90% das pessoas são muito menos do que nasceram para ser e vivem uma vida muito aquém de seus dons e potencialidades. Então gostaríamos de lhe fazer algumas perguntas, para que você reflita:

**Até quando você vai se contentar
em viver uma vidinha medíocre?**

**Até quando você vai aceitar
ser menor do que pode ser?**

**Até quando você vai negligenciar
seus talentos e potenciais?**

Na maioria das vezes não utilizamos nossas capacidades, porque nos sentimos incapazes, atrofiados, sozinhos e muito distantes da nossa vida de sonhos. Se você está lendo essas páginas agora em um local desconfortável, se está utilizando um transporte público super apertado, se gostaria de ter condições melhores, um pouco mais de conforto, e vive uma vida de privações e com dinheiro contado, se gostaria de dar um pouco mais de qualidade de vida à sua família ou não vive o relacionamento dos seus sonhos, você que vive uma realidade negativa... Você mesmo! **Você pode mudar agora.**

Para isso, você precisa compreender que 95% da sua vibração está sintonizada em padrões automáticos, e você nem percebe suas ações, porque elas funcionam de forma autônoma, como o pulsar do coração. Agimos por impulso e de forma automática como os movimentos de quem anda de bicicleta ou de quem dirige um carro há mais de trinta anos... 95% da nossa vibração funciona sem a nossa percepção, porque somos controlados pelos nossos paradigmas.

Paradigma é um conjunto de hábitos, crenças e experiências que nos governam e que controlam a nossa vida. É algo forte, estruturado, que nos domina e não é simples de resolver. Por isso você está tendo acesso a esta obra, para que consiga enfrentar seus paradigmas. Se você tiver coragem de revisar seus paradigmas, confrontá-los com disposição e sair da sua zona de conforto, você pode ficar rico, encontrar o amor da sua vida, curar-se de problemas de saúde, fazer mudanças, realizar sonhos, viajar ou seja lá qual for o seu objetivo, porque o domínio dos paradigmas é o que há de mais assertivo para a conquista e realização de metas. Não estamos aqui dizendo que é fácil confrontar seus monstros interiores, mas é muito mais difícil viver uma vida ruim, sem o conforto e a felicidade que você merece, e que são seus por direito. **Mais difícil do que enfrentar os paradigmas é viver uma vida miserável, envolta em críticas, doenças, pessoas tóxicas, dores emocionais, um relacionamento ruim ou trabalhando numa profissão que só te desgasta e não traz satisfação pessoal.**

O conjunto de hábitos, crenças e experiências que forma o paradigma é que faz você aceitar ou rejeitar algo em sua vida, sem nem pensar. A sociedade, por exemplo, tem um paradigma de que se um moço tem o cabelo arrumadinho e usa terno e gravata, é uma pessoa de confiança, assim como antigamente a sociedade tinha um paradigma de que pessoas tatuadas não inspiravam confiança — é ótimo que isso esteja mudando! Esses paradigmas vão se transformando ao longo do tempo e, à medida que a sociedade percebe que tatuagens, por exemplo, não definem a índole de alguém, os paradigmas vão se transformando.

Assim como paradigmas antigos já definiram posturas racistas, homofóbicas e discriminatórias que sobrevivem até hoje, existem paradigmas em você que o fazem agir por impulso e você já nem sabe por que sente ou de onde eles vêm, de tão automatizados que são esses padrões. Muitas vezes, o fato de nós, autores, declararmos publicamente que não temos uma religião ofende muitas pessoas, porque elas têm o paradigma de que todos somos obrigados a escolher uma religião. Muitos já nos questionaram: "Mas vocês não acreditam em Deus? Não gostam de Jesus?" E, na nossa concepção, o fato de não termos uma religião não significa não gostar de Deus, Jesus, Buda ou Alá. Inclusive, não ter uma religião nos torna mais livres para gostar de todos Eles.

Muitas pessoas também veem a prosperidade e o dinheiro como algo ruim, sujo, proveniente de pessoas desonestas e que exploram: esse é mais um paradigma de pessoas que não têm uma boa relação com o dinheiro e, por pensarem assim, o afastam de suas vidas.

> Tudo que vem de nossas crenças, experiências, hábitos, posicionamentos e convicções tem origem em nossos paradigmas.

Certa vez, em consultório, a Patrícia atendia um homem casado com duas mulheres. Elas sabiam da situação, se apoiavam e eram amigas. E tudo bem, porque os envolvidos na situação eram felizes. Mas para a sociedade, principalmente em uma cidade pequena do interior, essa situação é escandalosa e contra as "leis da Igreja". Então perguntamos a você, que nesse momento deve treinar suas crenças e paradigmas: é melhor viver uma situação assim em segredo, escondendo de todos e em âmbito de "traição", ou deixar tudo às claras, sendo honesto com seus sentimentos, para que todos saibam?

Os seus paradigmas determinam seu patrimônio e tudo o que você tem na vida. Quando algum aluno da nossa mentoria de prosperidade vem até nós propor seus objetivos de prosperidade, precisamos saber quanto ele quer produzir financeiramente e, quando ele nos diz: "Quero fazer R$ 100 mil por ano, ou R$ 1 milhão por ano, ou R$ 10 milhões por ano" fica fácil localizar onde está seu paradigma. Quando alguém fala do lugar onde gostaria de morar, também é fácil localizar onde está o paradigma dela. E, quanto às ambições pessoais, não existe certo ou errado, mas é fácil fazer o link entre o tipo de vida que a pessoa leva e o lugar onde o paradigma dela está situado. O paradigma é o maior responsável pela virose emocional. Por um lado, você pode declarar através de afirmações positivas que você quer algo, que pode, que consegue, que acredita... mas, do outro lado, os paradigmas estão vibrando em 95% da sua essência, e são eles que determinam a saúde do seu DNA energético modulável.

Então as perguntas que queremos fazer agora são as seguintes:

**Você está satisfeito com a sua vida?
Ela está funcionando como deveria?**

Talvez você se sinta desconfortável com essas perguntas, mas nossa função aqui, como mentores, é justamente chacoalhar seus paradigmas e gerar uma certa desordem para que depois tudo se harmonize.

Existem muitos paradigmas criados para nos condicionar a uma vida de medos e apegos. Os paradigmas religiosos fazem você acreditar que a vida é sofrimento, que devemos sofrer para um dia encontrar Deus e redenção, e que dinheiro é uma coisa ruim. O paradigma machista faz você acreditar que as mulheres precisam ser subservientes aos homens. Os paradigmas racistas fazem você acreditar que, por conta do tom de pele, as pessoas precisam ser tratadas de formas diferentes. Os paradigmas sociais nos fazem acreditar que algumas profissões merecem mais respeito que outras.

Portanto, seus paradigmas determinam a sua existência. Seja você funcionário público, freelancer, professor, médico ou secretária, você chegou onde está hoje por conta dos seus paradigmas. A comida que você come, o time para o qual você torce são provenientes dos seus paradigmas, o estilo de roupa que você veste também. Quase nada na sua vida foi você que decidiu.

E qual é o momento da grande virada de chave?

Depois de uma certa maturidade e de insistir em caminhos que só nos levam para baixo, todos nós começamos a nos questionar: "Eu sou o que quero ser ou sou o que os outros querem que eu seja?"

Os paradigmas são criados desde as nossas primeiras experiências e sensações, ainda no útero materno. E muitos paradigmas são carregados em nossa genética, trazendo os padrões de comportamento e julgamento dos nossos antepassados. Mas lembre que tudo isso pode ser revertido se você decidir romper esses padrões. Atualmente, as pesquisas de neurociência já demonstraram que o ambiente onde vivemos exerce mais influência em nossa saúde do que a nossa própria genética. Isso é muito sério. É importante você compreender que, se você gosta de samba, talvez não tenha decidido, mas tenha sido influenciado a gostar, e está ok, porque isso é bom. Mas talvez o fato de você ser viciado em reclamação não tenha partido de uma decisão sua, e sim de uma influência que você recebeu dia após dia sem ter percebido e que o tornou uma pessoa reclamona. Os paradigmas costumam trazer algum tipo de alívio, conforto, proteção ou lucro emocional, trazendo-nos a sensação de que é melhor assim e que está tudo bem, mas não é algo racional, é um mecanismo de proteção autônomo do nosso corpo.

Como os paradigmas são formados e desestruturados

Essa é a chave para sair de um salário de R$ 10 ou 20 mil por ano para ganhar R$ 200 ou R$ 500 mil por ano. Essa é a chave para deixar de atrair relacionamentos complicados e começar a atrair relacionamentos incríveis. Essa é a chave para deixar de atrair amigos cobiçadores, que só querem se aproveitar de você, para começar a atrair pessoas que serão uma bênção em sua vida.

Essa é a chave para sair de toda a limitação e sofrimento, para começar a ter uma vida sobre a qual você vai dizer: "Essa é a vida que eu quero!" E você só precisa acreditar nisso. Talvez, se nesse momento você disser: "Eu não acredito em nada disso", compreendemos perfeitamente, pois, em algum momento, nós também não acreditamos, achamos que não era para nós, que era somente para alguém que tinha uma determinada formação ou para quem tinha nascido em berço de ouro, e que nesta vida não daria para ter prosperidade, que não seria possível escrevermos um best-seller, que nunca palestraríamos para milhares de pessoas. Nesta vida já acreditamos em muitos paradigmas e, a partir do momento em que você começa a acreditar, você replica isso.

VÊ ▶ ACREDITA ▶ REPLICA

E é por isso que o ambiente onde você está inserido é um dos aspectos mais importantes. Porque se você liga a TV e visualiza um mundo violento, você acredita que o mundo é violento e replica aos demais esse mundo violento através das suas lentes e paradigmas, pois seu DNA energético se modula para um mundo violento e, pela lei universal da atração, vai trazer mais disso. E você vai afirmar, cheio de convicção: "Viu só? Eu falei que o mundo era violento!", e isso vai reafirmar e arraigar ainda mais seu paradigma, reforçando-o e atraindo mais do mundo violento.

O lugar onde você mora foi construído pelo seu paradigma. Se você está em um relacionamento ruim, seu paradigma o colocou lá. E jamais se sinta culpado por isso, pois talvez, até agora, essas informações lhe eram desconhecidas. Mas agora você sabe de tudo isso e, se ainda assim decidir permanecer onde está, então se trata de uma escolha, de uma decisão. Cada pessoa que quer mudar seu paradigma precisa compreender como ele é criado.

Paradigmas definem a sua vibração

Os paradigmas definem a sua vibração, o seu DNA energético modulável e o seu ponto de atração, portanto, ao mudar o seu paradigma, a sua vida se transforma em todos os níveis.

Quando uma pessoa se queixa de que "os homens não prestam", ou "nunca consigo um bom emprego", ou "nunca sou promovido", o que está em questão não é exatamente o fato que está acontecendo (porque é apenas a resultante da ação, apenas a consequência), mas onde o paradigma está: nesse caso, ele está na convicção da afirmação, na palavra nunca, que já é uma certeza absoluta, e no tipo de sentimento, na dor envolvida na fala.

Por isso é tão importante prestar atenção no tipo de sentimento que colocamos em nossas falas e diálogos internos. Preste atenção ao se expressar, quais são os sentimentos que acompanham suas falas: mágoa, tristeza, sentimento de injustiça, vitimização, dor, raiva, vingança, acidez?

Quando conto uma história de algo que me aconteceu aos meus amigos, quais os sentimentos mais presentes?

_____
_____
_____
_____
_____
_____
_____
_____
_____

_____
_____
_____
_____

Preste atenção ao se expressar — quais são os sentimentos que acompanham suas falas: mágoa, tristeza, sentimento de injustiça, vitimização, dor, raiva, vingança, acidez?

Se você não conseguir perceber, pergunte aos seus amigos e peça que lhe respondam com sinceridade. Diga que faz parte de um treinamento que você está fazendo baseado neste livro e que precisa da ajuda deles. Em contrapartida, você não deve se aborrecer com o que seus amigos vão lhe dizer, apenas anotar os sentimentos para analisar posteriormente e quebrar seus paradigmas. Na verdade, você precisa agradecer a eles pela ajuda em sua jornada de autodescoberta.

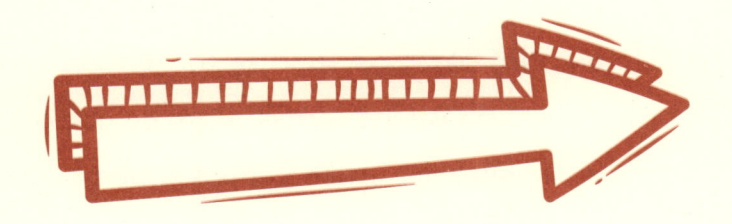

A mente e o cérebro

Uma das chaves mais fundamentais para a mudança de paradigmas é a compreensão da diferença entre mente e cérebro. A mente é um campo de energia, formada pelo nosso Eu Superior, ela simplesmente é, existe, e as definições para ela são amplas, mas podemos dizer que a mente é uma força de vida associada a todos os sentidos do ser humano. Para que a mente consiga ser traduzida de uma forma que o corpo físico a compreenda, precisamos de um equipamento chamado cérebro, que decodifica o campo de energia da mente. Fazendo uma analogia, o cérebro é como um aparelho de rádio e a mente é como a rádio, que, através das ondas, transmite uma informação. A maioria dos pesquisadores insiste em olhar para o cérebro, mas, embora ele seja importantíssimo na tradução da mente, não é causa, e sim consequência. O cérebro é um transmissor, um codificador das mensagens da mente ou consciência. Entretanto, o cérebro tem seus mistérios e aprendeu a ser utilizado da maneira mais eficiente possível. Nosso cérebro faz de tudo para economizar energia e, muitas vezes, se torna simplista, sendo assim, os paradigmas, um conjunto de hábitos adotados pelo cérebro para que tudo se torne mais simples e rotulável, promovem ações autônomas, a fim de que o cérebro consiga economizar energia. Quanto menos pensamos, mais economizamos energia, e o cérebro ganha com isso. O conjunto dos nossos hábitos são nossos paradigmas, e o cérebro codifica todos esses hábitos para que ele obtenha um ganho de energia. O cérebro é um dos nossos órgãos que mais gasta energia, por isso, em dias de treinamento ou de decisões difíceis em que você precisou pensar durante um dia inteiro, você se sente exaurido ao final da jornada. Muitas vezes você acha estranho estar tão cansado sem ter feito exercícios físicos, sem saber que o cérebro consome mais energia para pensar do que o corpo para se exercitar.

Consciente e inconsciente

Nosso cérebro pode ser dividido em dois grandes centros: a parte consciente e a parte inconsciente e, enquanto nas crianças o inconsciente é aberto, nos adultos ele é superprotegido. Com frequência, para que o lado inconsciente seja acionado nos adultos, é necessário um trabalho meditativo, de relaxamento, que altera o estado de consciência. Esses dois setores da nossa mente têm algumas particularidades: o consciente traz a nossa capacidade de calcular, interpretar números, fazer cálculos complexos, organizar pensamentos, entender os contrastes; é binário, racional, frio e calculista.

O consciente enxerga datas, números, fatos, ontem, hoje e amanhã. Já o inconsciente é mais sensitivo, associado à temperatura: frio e calor, às cores e sensações, e só enxerga através de imagens. Para o inconsciente, não existe tempo e espaço, então ele não consegue perceber a diferença entre ficção e realidade. Se você assiste um filme de terror, para o inconsciente a cena está acontecendo neste momento. Para o inconsciente, todas as imagens visualizadas são reais, e é nesses momentos que os paradigmas são criados. Para uma criança, tudo o que acontece à sua volta é real, pois seu inconsciente não rejeita nenhuma informação e acata cada uma delas como verdade. Porém, a partir dos 7 anos, o inconsciente começa a se fechar para se proteger, e é nessa idade que começamos a questionar e definir nossos gostos, preferências e características, justamente quando começa a surgir nossa noção de discernimento e julgamento. É por essa razão que, várias vezes, quando você está comendo em um restaurante enquanto fala com seu amigo, e na TV ao lado está passando uma série de notícias com informações pesadas e negativas, embora acredite que nada disso tem conexão com você, sua mente acaba recebendo essas informações que ficam armazenadas no seu inconsciente. **Quando somos crianças, todos os estímulos que recebemos, como as falas dos nossos pais,**

professores e familiares, os programas de TV, a política, a economia, a sociedade, ou seja, todas as informações e experiências que nos circundam determinam nossas emoções, pensamentos e sentimentos, e quem somos hoje.

E só tem uma forma de mudar esse pensamento governante de que tanto falamos: quebrando paradigmas.

Para quebrar paradigmas negativos, precisamos saturar a nossa mente com informações contínuas e contrárias às que nos escravizam, e de forma repetida, para que reforcem nossas crenças positivas.

Essa foi uma das maiores descobertas do século passado e ainda é pouco explorada, porque a maioria das pessoas não acha possível a quebra dos paradigmas. Quando temos um paradigma, junto com ele vem a autoimagem, e é sobre isso que vamos falar a seguir.

[AUTOIMAGEM, O PASSAPORTE PARA SER UM SUPER-HERÓI]

A autoimagem é a visão que você tem a partir de si mesmo, como você se enxerga, quem é você no mundo. Nesse momento, vamos propor um exercício: feche os olhos e imagine sua autoimagem. **Como você se vê? Quem você é? Como você se definiria em poucas palavras?**

_____
_____
_____
_____
_____
_____
_____
_____
_____
_____
_____
_____
_____
_____
_____
_____
_____

Essa imagem que você faz de si mesmo opera na vibração do paradigma, que determina a vibração do DNA energético modulável, trazendo mais do mesmo. Você só consegue transformar tudo isso quando muda a sua autoimagem.

Há alguns anos, a marca Dove realizou uma experiência sobre autoimagem: convocou um grupo de mulheres que se autodescreveu para um especialista em retrato falado, que as desenhou. Depois, outra pessoa que elas haviam conhecido no local do evento também as descreveu, e o especialista as desenhou sob o olhar da outra pessoa. O resultado são dois retratos completamente diferentes. O primeiro, descrito pela própria pessoa, possui um semblante pesado e carregado de críticas, ressaltando os pontos negativos do rosto. No segundo retrato, descrito por uma terceira pessoa, a expressão é suave, alegre e jovial, revelando geralmente o que a pessoa é, mas não consegue enxergar em si mesma. Recomendamos que você assista a essa experiência, sabe por quê? **Quando falamos de autoimagem, não é necessariamente como você se enxerga fisicamente, mas em todos os aspectos:** físico, emocional, mental e espiritual.

Mude a sua autoimagem que seu paradigma se transforma, e você começará a atrair mais da sua nova autoimagem. O implante da autoimagem desejada por você é que vai fazer toda a diferença no processo.

EXERCÍCIOS:

Destravando Parte 1 – O Exorcismo do Vitimimimismo

Sobre o seu DNA energético. Faça uma recordação dos últimos três dias. Pense nesses dias desde o momento em que acordou até a hora de ir dormir. Seja honesto!

Anteontem – Principais pensamentos, sentimentos e emoções:
___
___
___
___
___

Ontem – Principais pensamentos, sentimentos e emoções:
___
___
___
___
___

Hoje – Principais pensamentos, sentimentos e emoções:
___
___

_____
_____
_____

Responda: com base nos seus três últimos dias, você está com o ponto de atração certo para a vida que quer ter?

_____
_____
_____
_____
_____
_____

SOBRE SUA AUTOIMAGEM

Como você costuma se enxergar? Faça uma avaliação profunda e procure se lembrar de como enxerga a si próprio em termos de poder pessoal, confiança, autoestima etc.

_____
_____
_____
_____
_____
_____
_____

Qual é a autoimagem que você quer ter?
Como você quer ser?

[SEIS CHAVES PARA MUDAR SEU PARADIGMA]

CHAVE Nº 1
Repetição do positivo, oposto à crise, problema ou dificuldade

Se você vive num lugar onde as pessoas só falam de besteiras e futilidades e hoje você está aqui estudando, repetir seus estudos dia após dia criará uma força de oposição ao seu paradigma e isso vai ajudar a quebrá-lo.

CHAVE Nº 2
Sintonia elevada

Conviva com pessoas que pensam parecido com você, que queiram buscar conhecimento e autodesenvolvimento. Se na sua família ou círculo de amizades existem apenas pessoas pessimistas e negativas, isso é resultado da vibração do seu DNA energético modulável que atraiu essas pessoas. Faça as mudanças necessárias que o mundo ao seu redor vai se transformar também.

CHAVE Nº 3
Mentores

Ter mentores significa buscar ajuda com especialistas que já chegaram onde você quer chegar. É comum insistirmos em buscar ajuda em nossas próprias convicções, ou em pessoas com quem temos amizade, ou em quem confiamos, mas que não possuem entendimento sobre aquele tema, e isso ocorre pelo medo de sermos desafiados por mentores que conhecem as dores do caminho. Se você quer falar inglês fluentemente, precisa da ajuda e dos conselhos de quem já percorreu esse caminho. Seria muito mais difícil você tentar sozinho. Se você deseja aprender a investir, procure especialistas em investimento. Se você quer empreender, procure especialistas em empreendedorismo que já tenham conquistado aquilo que você deseja. Mentores não ensinam teoria; eles demonstram na prática como chegar onde eles estão.

CHAVE Nº 4
Programas de exercícios diários

Imagine se todos os dias você fizesse exercícios de autoimagem, exercícios para exterminar suas crenças limitantes e quebrar seus paradigmas. Você muda, a sua vibração se transforma e o universo te conecta a situações compatíveis com a sua vibração. Aqui cabem todas as técnicas possíveis que atuam diretamente no inconsciente. Na nossa prática nada se mostrou mais poderoso que os exercícios Aura Master[1].

CHAVE Nº 5
Intensivos e saturação a ponto de pegar os trejeitos de seus mentores

Participe de programas intensivos que saturem sua mente com tantas informações positivas a ponto de reprogramar seu inconsciente, eliminando crenças limitantes e rompendo os paradigmas. Assista tantas vezes quanto for possível os programas dos seus mentores, a ponto de falar parecido com eles, de pegar seus trejeitos: aí você estará no ponto de fazer a grande transformação na sua vida. Estudamos tanto alguns mentores que, por um tempo, até copiamos alguns de seus gestos. Não se assuste, isso pode ser um sinal de que você está mergulhando bem na mensagem.

Para transformar paradigmas, é preciso mergulhar em um processo muito profundo, e nem todas as pessoas estão dispostas a isso. E é por esse motivo que 99% das pessoas preferem viver no piloto automático, repetindo padrões em vez de pensar e tomar as rédeas de suas vidas.

---

[1] Aura Master é uma **técnica terapêutica** de ação rápida que ativa os poderes ocultos de autocura, realizando mudanças no seu estado emocional, mental e espiritual. O Método Aura Master serve para que você possa encontrar respostas e resolver **traumas** que carrega desde a infância em questão de minutos. Você pode limpar uma **culpa** de anos por meio dessa técnica de alívio imediato. Para saber mais sobre essa tecnologia terapêutica, acesse o QR Code ao lado:

Recomendamos fortemente as imersões, conteúdos que são ministrados em dias contínuos e com muita densidade de informações não só teóricas, mas práticas também.

CHAVE Nº 6
Consistência (HAD)

A sigla HAD significa hoje, amanhã e depois, e é essa a ideia de continuidade que você precisa inserir na sua jornada, para que todos os dias você aja com consistência, dando continuidade a um ecossistema de práticas que você mesmo criou para chegar às suas metas e objetivos.

Também podemos chamar esse ecossistema de rituais, pois passamos muitos anos de nossa vida dominados pelo nosso inconsciente, agindo de forma automática e com o Eu Inferior sempre a postos.

Então, nesse momento de mudança e virada de chave, precisamos definitivamente dizer chega ao que sempre nos dominou e agir com consistência na direção dos nossos sonhos.

É inegável que, quando você tem um método eficiente nas mãos, a consistência de agir e fazer seus ajustes, hoje, amanhã e depois é o que mais vai lhe trazer resultados.

Não se iluda esperando resultados imediatos, eles até podem vir, mas é mais comum que as coisas demorem um certo tempo para se consolidar, por isso o HAD é o seu maior trunfo.

PARTE 2

COMO TER SUCESSO COM O MÍNIMO DE ESFORÇO

As pessoas que verdadeiramente se transformam são aquelas que dão um golpe no Eu Impostor, no Eu Personagem. Esse eu, que não é real, é formado por um conjunto de sujeiras emocionais e psíquicas e, quando você sabe usar as técnicas certas, associadas ao método que está aprendendo neste livro, as coisas mudam. Então se concentre aplicando o que está aprendendo aqui que as coisas vão fazer sentido.

Quando falamos de sucesso, o que vem à sua mente? Existe uma definição clássica de sucesso que diz: "Sucesso é conquistar o que eu quero e felicidade é gostar do que conquistei". E uma outra definição de sucesso diz que sucesso é ter uma vibe boa.

Mas existe o sucesso particular e isso é definido por você. Então escreva a seguir a sua definição de sucesso, como, por exemplo, ter tempo livre, viajar, palestrar, ser convidado para programas de TV, ser um empresário bem-sucedido, ser o primeiro no seu nicho etc.

Sucesso para mim é:

_____
_____
_____
_____
_____
_____
_____
_____
_____
_____
_____

É essencial você ter a sua própria definição de sucesso, para que você nunca precise se comparar com o modelo de sucesso das outras pessoas. Quando nos comparamos, nossa autoestima se abala, e vêm os complexos de inferioridade e sentimentos de menos valia. Muitas vezes esses sentimentos de inferioridade aparecem porque você definiu que sucesso é ter uma barriga tanquinho, o carro do ano ou uma casa na praia, e essas definições não são suas, mas dos paradigmas sociais ou do ambiente de onde você vem. Não significa que essas metas não possam ser alcançadas, claro que sim, vá em frente, mas quase sempre surgem na sua mente por motivos externos e não porque seu Eu Superior deseja.

Para que você consiga chegar ao sucesso com o mínimo de esforço, a sua definição de sucesso precisa vir do seu Eu Superior e não do seu Eu Inferior. Precisa ser uma definição íntegra e genuína, pautada no que você acredita com sinceridade e não nos padrões da sociedade ou dos paradigmas da sua família. Quando o Eu Personagem está atuando e definindo seus padrões de sucesso, eles não são reais e acabam por prejudicar a sua jornada de prosperidade. Na maioria das vezes, sacrificamos até a nossa saúde em busca de metas inatingíveis definidas pelo nosso Eu Personagem, o que acaba nos trazendo consequências sérias e infelicidade. Muitas vezes temos a ideia de que o carro de marca tal vai trazer a imagem do sucesso ou que a roupa de uma determinada marca vai tor-ná-lo uma pessoa poderosa, mas isso é apenas um jogo do Eu Inferior para escravizá-lo ainda mais.

É ESSENCIAL você ter a sua *própria definição de sucesso,* para que você nunca precise se comparar com o modelo de **sucesso** das outras pessoas.

[O MODO **PERFEITO** DE VIVER]

Durante nove anos estudamos uma filosofia que é incrível para alinhar missão de vida, projetos profissionais ou eliminar dúvidas sobre o nosso caminho.

Se você se sente longe da sua missão de vida, se está questionando o propósito de sua existência, fique atento a esses três pilares, porque eles podem dar uma direção clara e imediata sobre o que fazer.

Do ponto de vista dessa filosofia, a nossa matriz original, da nossa essência ou alma imortal, existe um jeito perfeito de viver, baseado em três pilares:

1. Ensinar: sobre o que você faz no seu dia a dia, você está transmitindo esse conhecimento para as pessoas que o rodeiam? Você está ensinando sem medo, sem apegos, tudo o que você sabe? Caso você sinta medo de ensinar, é porque você está se concentrando no orgulho, no ego e na vaidade. Concentre-se sabendo que ensinar é um instrumento da verdade e da Luz Maior. Não é necessário que você seja um professor, mas é muito importante que você tenha paciência para ensinar seus filhos a serem bons cidadãos, ensinar seus familiares e amigos aquilo que você souber.

2. Ajudar: o segundo pilar é ajudar, e algumas pessoas simplesmente não gostam de ajudar ou simplesmente não sabem como. E existem as formas corretas de ajudar. Quando estamos num voo, a comissária sempre avisa: "Em caso de despressurização da cabine, máscaras de oxigênio cairão automaticamente. Primeiro coloque a sua máscara, para depois ajudar outras pessoas." O que essa mensagem quer nos dizer? Que primeiro precisamos ajudar a nós mesmos para depois estendermos a mão ao próximo. Existem pessoas que, se cuidarem bem de si mesmas, já estarão fazendo um grande bem à Humanidade. O tipo de ajuda ideal se chama "altruísmo consciente", em que a ajuda que você dá a alguém é perpetuada através do ensinamento, o que nos faz lembrar da velha máxima de "não dar o peixe, mas ensinar a pescar", pois assim a pessoa aprende a ser independente e não dependerá da sua ajuda para sempre.

3. Aprender: aprender é a mola propulsora de todas as pessoas que têm uma vida fluida e sem entraves. A curiosidade de sempre buscar algo novo nos torna mais flexíveis e ajuda a eliminar a rigidez dos paradigmas e crenças limitantes. Quando nos tornamos abertos como uma criança que está descobrindo o mundo, assimilamos mais conhecimentos e aprendizados e, assim, alimentamos o ciclo do modo perfeito de viver, e naturalmente sentimos vontade de ensinar e ajudar. Por isso é tão importante estar sempre em busca de conhecimento.

Se você está inativo nesses três pilares, está fora do seu DNA humano e a engrenagem da sua vida não vai funcionar. Aprender, ensinar e ajudar está ligado à matriz da vida e, desses três aspectos, qual está em desequilíbrio? O ser humano, naturalmente, tem a capacidade de aprender, ensinar e ajudar, só que muitos de nós estamos preguiçosos e desatentos para isso. Não estamos falando que você precisa de formação universitária ou estudar fora do país, mas apenas que é possível estar aberto a coisas novas.

Lembre-se de que você só vai conquistar sucesso e realização se for íntegro. Você não vai conquistar felicidade se permanecer focado naquilo que o seu Eu Personagem deseja, mas será plenamente feliz e realizado quando suas metas estiverem alinhadas com seu Eu Essencial. A maioria das vontades que temos são do Eu Personagem e não do nosso Eu Superior. Com frequência, o Eu Personagem deseja um carro para que você se sinta com a autoestima melhor; o Eu Personagem muitas vezes deseja uma roupa de marca para que você possa se sentir importante, e por que isso acontece? Porque você acredita nessas mentiras do Eu Inferior que está tentando comandar a sua vida. É o distanciamento do nosso eu real que permite essa confusão e descaracterização, até que você já não saiba mais quem você é de verdade.

E como ter sucesso com o mínimo de esforço?

Quanto mais você mergulhar no que estamos lhe propondo, mais começará a entrar em contato com sua verdadeira essência. E pode ser que seu Eu Superior deseje um carro... mas pode ser que não. O Eu Superior pode desejar um castelo na França, mas talvez não. Então não existe certo ou errado, mas existe um Eu Verdadeiro e um Eu Personagem. Quando as vontades vêm do seu Eu Superior, elas são reais e quando vêm do Eu Personagem, elas são destrutivas, porque não estão alinhadas com seu Eu Verdadeiro, que é livre. Estar alinhado e de acordo com seu Eu Superior é viver de acordo com suas próprias vontades e não escravizado pela opinião alheia, ou pelo medo de não ser bom o bastante, ou por ansiedade, preocupação e outras inferioridades provenientes do nosso ego. Todo esse campo de sujeira psíquica e emocional que nós mesmos criamos constrói o Eu Impostor, que deseja mais do mesmo: mais coisas que não lhe trazem sucesso e que você faz tanto esforço para conseguir. Por que atualmente existe tanto vazio existencial, tanta depressão e uma epidemia mundial de insatisfação? Porque as pessoas estão querendo coisas que não são compatíveis com suas essências. É muito comum vermos por aí pessoas se matando para comprar coisas que elas nem sabem que não querem. É isso mesmo, pode parecer confuso, mas é verdadeiro: as pessoas estão se sacrificando para conquistar coisas que acham que querem, mas, na realidade, não querem... e a verdadeira felicidade está muito longe disso. Observe se você não está gastando além do que pode para provar a quem você não conhece que você é uma pessoa que na verdade não é. Com frequência, a mídia contaminada e as propagandas que retratam uma realidade irreal querem te convencer disso. Preste atenção e tenha cuidado com essas armadilhas que o escravizam.

O SEGREDO do sucesso com o mínimo de esforço é a ação inspirada!

Talvez você já tenha passado por um processo de ação inspirada, mas não percebeu e o desperdiçou. Pode ser que, em um dia em que você estava bem e com sua energia alinhada, tenham surgido inúmeras inspirações, vontades que vêm da alma, ideias para projetos e muita criatividade, mas você achou que era "loucura", ou pensou: "Ah, isso é uma bobeira da minha cabeça" ou um "devaneio", e não se abriu para essas abençoadas oportunidades. Ação inspirada é uma intuição forte que lhe aponta uma direção do que fazer.

Na maioria das vezes nossa missão e propósito estão bem claros à nossa frente, mas nos recusamos a vê-los, talvez porque não sejam convencionais. Isso aconteceu conosco e agradecemos até hoje por termos tido a capacidade de enxergar o que estava por vir. No início dos anos 2000, tínhamos carreiras bem-sucedidas na área industrial e abandonamos essa vida tradicional para nos dedicar a uma área que estava começando a engatinhar no Brasil: o desenvolvimento pessoal. Se tivéssemos dado ouvidos a todas as pessoas antagonistas e até aos nossos próprios pensamentos sabotadores, não estaríamos aqui com você nas páginas deste livro e de tantas outras obras que já escrevemos, e nem teríamos vivido a nossa missão. Talvez estivéssemos doentes, tristes, frustrados, deprimidos e insatisfeitos com a nossa vida tradicional.

Nesse momento, com base em tudo que vimos nas últimas páginas, gostaríamos que você refletisse e nos respondesse uma pergunta. Vamos supor que no seu passado você já tenha atravessado alguma situação muito difícil e desafiadora. Provavelmente, se você está aqui, lendo este livro, você conseguiu sair daquela situação. Então, vamos à pergunta:

Que tipo de força você usou para sair daquela situação e que você pode resgatar dentro de você nesse momento? Para responder, vá até seu passado, lembre-se do momento mais difícil da sua vida e tente lembrar qual estratégia você utilizou para superar, vencer e se reerguer:

_____

_____

_____

_____
_____
_____
_____
_____
_____
_____

    Lembre-se de que, quase sempre, a sua infelicidade tem origem quando você quer conquistar algo que não está destinado a você, quando você quer forçar a barra de uma situação, seja ela qual for: uma carreira, um relacionamento ou um novo negócio.

    Encontrar seu verdadeiro eu e aprender a sentir o que vem de dentro para fora é a chave que vai mudar tudo para você. Busque clareza na sua própria definição de sucesso, e traçar metas ficará muito mais fácil, orgânico e natural.

[VITIMIZAÇÃO OU **AUTOPIEDADE**: VOCÊ SENTE ALGUMA DELAS?]

Dificilmente uma pessoa com postura de vítima conquista prosperidade e felicidade. Quando falamos de prosperidade, vinculamos esse conceito à abundância em todos os níveis e setores da vida: relacionamentos, carreira, família, finanças, vida emocional, saúde e qualidade de vida, pois, em nossa visão, prosperidade vai muito além do dinheiro e das conquistas materiais. Prosperidade é um fluxo de energia e, para se conectar a ele, é preciso alinhamento e compatibilidade. Uma pessoa que vive mergulhada em um mar de sentimentos negativos não consegue se alinhar com o fluxo da abundância e da prosperidade. A prosperidade representa o fluxo de energia da própria natureza, que floresce e produz frutos tanto quanto puder, sem se limitar ou se comparar, respeitando a lei universal da expansão e crescimento.

Um dos sentimentos inferiores que mais nos afastam da prosperidade é a vitimização. A pessoa com postura de vítima não consegue ser grata, porque percebe o mundo como um lugar hostil e que está contra ela. Para a vítima, todos são culpados pelos estragos causados em sua vida: a culpa é do governo, dos impostos, do vizinho, da sogra, do chefe. Ufa! A vítima costuma procurar um culpado, que não ela mesma (óbvio!), e passa seu tempo reclamando do mundo, das pessoas, das injustiças e de que nada dá certo em sua vida.

E quando você conversa com a vítima, você constata que são histórias reais que aconteceram, um mar de desgraças e tristezas onde ela está inserida. Porém, o universo não falha, porque está baseado em leis naturais reguladas por vibração, onde tudo o que você emite você recebe de volta. Toda energia que você emana, recebe de volta no mesmo padrão. Se você quer saber por que sua vida está confusa e cheia de problemas, basta prestar atenção no que você tem emitido. Preste atenção no seu discurso interno, no seu pensamento governante e encare com coragem quem você é e, se estiver fazendo papel de vítima em alguma área da sua vida, é hora de começar um processo de transformação. Comece a perceber se você é uma pessoa gentil, que sorri, que pede licença, que estende a mão, que agradece, se você dá gorjeta, se aprende com situações que saíram do seu planejamento ou se passa o tempo todo reclamando de sua triste vida. Quando você observa uma árvore, você agradece pela sombra ou reclama que as folhas caídas sujam o chão? Quando começamos a treinar a gratidão por tudo e direcionar nosso foco às bênçãos que recebemos a cada instante, nos encaixamos automaticamente ao fluxo da prosperidade, pois o universo entende que você quer ter mais motivos para agradecer. Quando você mergulha num mar de lamúrias e lamentações, as pessoas nem gostam de chegar perto de você. E a consequência é que a pessoa não tem um relacionamento bom, porque vive reclamando, e ela reclama mais ainda porque não consegue se relacionar com ninguém. **Esse é o ciclo da vitimização!**

A vítima tem uma postura de cobrar o mundo pelas suas dores, e vive com a impressão de que sempre tem alguém que lhe deve algo. Saiba que o universo possui um relógio perfeito, onde tudo acontece exatamente do jeito que precisa acontecer, portanto, viva sua vida como se ninguém lhe devesse nada, porque essa neurose de cobrança é que destrói seu fluxo de energia.

Para destravar sua vida, uma das primeiras providências é sair do ciclo da vitimização e parar de se queixar de tudo.

Os diálogos internos típicos de uma personalidade vítima:

> *Ai, por que eu?*
> *Ai, isso sempre acontece comigo!*
> *Ai, o que é que eu fiz pra merecer isso?*
> *Ai, não acredito que fizeram isso comigo!*
> *Ai, como o mundo é injusto!*
> *Eu não mereço isso!*

Se você costuma ter essas conversas em seu interior, você precisa parar agora. Ao menos se você quiser destravar a sua vida. Saiba que você possui uma força interna capaz de sanar qualquer mal. Agora, com esse conhecimento, é possível trocar a sua lente e vislumbrar o mundo de outra forma, pois você merece ser feliz e conquistar tudo o que você sempre sonhou.

ENTENDA ALGO: A VÍTIMA NUNCA SERÁ PRÓSPERA.

Quando você treinar a GRATIDÃO por tudo e direcionar seu *foco* às **bênçãos** que recebe a cada instante, você se ajustará automaticamente ao *fluxo da prosperidade*, porque o universo entende que você quer ter mais motivos para agradecer e, com isso, vai lhe trazer **mais abundância**.

[BRUNO GIMENES & PATRÍCIA CÂNDIDO]

[RECLAMAÇÃO: O SUICÍDIO EM GOTAS]

Sempre que estamos conectados com a energia da reclamação, nosso tempo de vida diminui. Precisamos ter consciência do quanto reclamar é nocivo, sendo assim, é fundamental usar estratégias mentais para eliminar a reclamação das nossas vidas. A reclamação e a vitimização, assim como outros sentimentos e emoções negativas, têm a capacidade de produzir substâncias tóxicas no nosso organismo, desequilibrando nossa saúde. Além disso, reclamar vicia nossas células, mais até que alguns tipos de drogas, e você não consegue mais parar de reclamar.

Já tratamos em consultório várias pessoas que sofriam dessa síndrome de reclamação, e elas se sentiam descaracterizadas quando paravam de reclamar. Se olhavam no espelho e não se reconheciam mais. Então, para quem pensa que reclamar é bonitinho, é normal ou faz parte da vida, alertamos: reclamar é viciante e patológico. E por isso trouxemos esse assunto à tona: porque poucas pessoas compreendem o quanto reclamar é nocivo.

Reclamar do governo não ajuda em nada e muito menos resolve os problemas. Reclamar do seu marido não vai fazer com que ele mude. Reclamar da sua cidade ou do Brasil não vai melhorar a situação. Ficar sentado reclamando de tudo é uma postura passiva de pessoas que não agem para que algo aconteça. Se você está insatisfeito e procura mudanças, levante-se e faça algo a respeito. Essa é a principal diferença entre as pessoas que são protagonistas de suas vidas e as que são espectadoras da vida alheia. Apenas decida quem você quer ser e, se decidir pelo vitimismo, saiba que sua vida vai oscilar de mal a pior.

Postura	Conversa mental	Interpretação do universo
Vítima	Me sinto injustiçado	Ele quer mais injustiça
Grato	Sou grato pelas bênçãos	Ele quer mais bênçãos

Quando você se sente vítima do mundo, isso significa que seu DNA energético modulável está programado para se vincular a situações de injustiça, mágoa, medo, raiva, tristeza etc. Várias pessoas até se queixam de que Deus se esqueceu delas, de que o anjo da guarda está dormindo ou tirou férias, pois quando não têm a quem culpar, direcionam a culpa ao invisível.

Não existe um Deus que castiga. Existe um universo que responde energeticamente às suas vibrações.

Você é o resultado das suas escolhas e pequenas decisões diárias. Aquilo que você faz, pensa e sente quando está sozinho é uma das questões mais importantes, porque, nesse momento, você acha que ninguém está vendo, a sua vibração está emitindo uma frequência ao universo e ele vai responder na mesma intensidade e ressonância. Como vivemos dentro da aura do planeta Terra, não temos como fugir desse campo de energia e das leis que o regem.

Deixar de ser vítima e ter uma vida boa e de sucesso é, antes de tudo, uma questão de organização. Organizar suas ideias, suas atitudes, suas ações, sua vida, destralhar sua vida, se libertar dos cacarecos, de gente chata, de pessoas tóxicas, malas sem alça que estão atravancando seu caminho. Chamamos isso de *basta moment* ou *momento Chuck Norris*, que é quando você chega num local e diz "Chegaa! Bastaa! Vou resolver esse problema de uma vez por todas!" É um momento de resolução, em que fazemos os ajustes necessários para colocar tudo em seus lugares: desde objetos materiais até pessoas, sentimentos, emoções e pensamentos. É como dar um grito de liberdade.

Você já passou por esse *basta moment*? Está passando? Ou está se organizando para dar seu grito de liberdade?

_____
_____
_____
_____
_____
_____

O que na sua vida está precisando do *basta moment*? O que definitivamente precisa ser bloqueado e resolvido de uma vez por todas? Reflita bem e escreva a seguir.

_____
_____
_____
_____
_____
_____
_____

> Esse momento é necessário para que você se liberte dos seus grilhões conscienciais, como o super-herói que rasga sua roupa normal na hora da transformação. É nesse momento que o seu Eu Superior vem à tona revelar quem você realmente é.

Gostaríamos de deixar bem claro que o ato de não reclamar não tem a ver com esconder sentimentos e nunca desabafar com alguém. Mas observe: quando acontece algo de ruim na vida de uma pessoa vitimista, ela compartilha contando para pelo menos umas cinquenta pessoas – hoje, com as redes sociais, muito mais do que isso. E ficar reclamando de uma situação com pessoas que não podem ajudar nem fazer nada a respeito não é efetivo e só piora o seu campo de energia, que agora conta com a sua impressão e mais a opinião de todos que ficaram sabendo do fato. Então fale dos seus sentimentos, sim. Divida a sua situação, sim. Mas fale com especialistas e não com conselheiros do caos. Se você teve problemas em sua vida financeira, procure um consultor de investimentos. Tem problema nas unhas? Vá à manicure. Precisa trocar um pneu? Procure um borracheiro. Está precisando desabafar? Procure um terapeuta e não uma amiga que vai alimentar mais ainda a sua vitimização. Quando tiver problemas, seja efetivo em resolvê-los imediata e definitivamente.

A vítima jogou a toalha há tempos e só ela pode se salvar e se autorresgatar. Ela é o seu próprio herói, e esse herói não precisa salvar toda a Humanidade, mas apenas a si mesmo!

Não existe um Deus que castiga.
Existe um universo que responde
energeticamente às suas vibrações.

PODE SER QUE VOCÊ NÃO CONCORDE COM NADA

Pode ser que você não concorde com nada do que foi dito até agora, pois quando estamos imersos em uma situação desafiadora ou no fundo do poço, nossa energia está tão contaminada que é difícil de acreditar que algo ou alguém possa nos ajudar. Estamos aqui propondo um novo sistema, uma nova lente para você enxergar sua vida. E você pode não concordar se estiver vivendo a vida dos seus sonhos. **Mas se sua vida está ruim, experimente fazer as ações necessárias** e ter os incríveis resultados que já se apresentaram para milhares de pessoas que participam dos nossos treinamentos.

Você tem todo o direito de questionar o nosso método, desde que o seu sistema de vida e a sua fórmula de felicidade estejam nota 10: onde você é tudo o que deseja ser, está realizando seus sonhos, tem saúde, dinheiro, prosperidade, vida financeira saudável, relacionamentos equilibrados. E isso não significa que nós mesmos não tenhamos problemas: temos, sim. Porém temos força para resolver, ânimo e disposição para enfrentar os desafios. Estamos construindo um novo paradigma e, para isso, é necessário **autoimagem, repetição, sintonia elevada, mentores, método, consistência, treino e ambiente enriquecido.**

Estamos muito empenhados em ajudá-lo, mas se, a essa altura, você ainda acha que nosso método não vai funcionar, é importante que o seu método funcione. Porque se o seu método não está funcionando, qual o problema em você testar algo novo e diferente? O que você tem a perder?

Muitas vezes as pessoas não têm humildade e acham que nada pode funcionar para elas, pois já têm um pré-julgamento, uma crença limitante, e às vezes até um certo pessimismo.

> **Recomendamos fortemente que você teste, experimente.** Não permita que seu Eu Personagem crie um processo de autossabotagem para que não haja transformação na sua vida. Pode ser apenas medo do que é bom e está por vir. Releia este livro várias vezes, refaça os exercícios propostos, analise as respostas e estabeleça ações rápidas para as definições que tiver. Rapidamente você sentirá a mudança acontecendo.

[COMO O **MEDO** VEM SENDO PROGRAMADO NO SEU CÉREBRO HÁ MILÊNIOS]

Desde que a raça humana começou a se desenvolver sobre a Terra, experimentamos o medo como uma sensação primária do nosso instinto de autopreservação. O medo é um mecanismo que ajuda no nosso processo de defesa. O medo nos dá a noção de que não devemos nos jogar de um penhasco, de que não é bom provocar um leão faminto, nos dá a noção daquilo que preserva ou destrói a nossa vida. O medo é um mecanismo fisiológico para que possamos aprender a lidar com situações adversas. É bom ter um pouquinho de medo, porque isso faz com que tenhamos discernimento. Quem não tem medo de nada geralmente é chamado de doido, porque não tem noção do perigo; não há equilíbrio quando a pessoa não teme nada.

A dose equilibrada de medo é saudável, mas os problemas começam a acontecer quando o medo domina a vida da pessoa. É como aquela velha história de que a diferença entre o remédio e o veneno é a dose: com o medo funciona exatamente assim. Um pouquinho de medo está ok, um pouquinho de ansiedade também, mas as coisas começam a fugir do controle quando esses sentimentos negativos começam a comandar a sua vida, pois, quando entramos no fluxo do medo, nos desconectamos da nossa matriz original, e nosso corpo funciona como um carro que está usando o combustível errado.

O medo é um programa instalado na nossa mente para nos alertar em caso de perigo e manter nosso instinto de autopreservação, e ele é decorrente de uma série de fatores que fazem você acreditar que o medo é o comandante, como se fosse seu dono. É algo intenso e que faz você acreditar que não está no controle da sua vida. Mas o que muitos não sabem é que o medo é filho da ilusão. A vida que acontece aqui na Terra é um processo ilusório para que possamos aprender a lidar com a matéria e curarmos as nossas inferioridades. Aqui acontecem as experiências necessárias para que possamos aprender e evoluir, por isso temos um corpo físico que caminha pela materialidade. Ou seja, o medo vive aqui na matéria, aqui no mundo da ilusão. E é por isso também que existe um sistema que criamos, baseado no medo, chamado de ego negativo.

O medo é filho da ilusão. E a ilusão é filha do ego.

Medo, ilusão e ego andam sempre juntos. E o ego é positivo, pois nos dá a capacidade de nos vermos como um ser individualizado, porém, quando tendemos para o ego negativo, que é baseado no medo, começamos a cultivar uma ideia separatista, de que somos separados do todo. Nesse momento, nos tornamos egocentrados e disparamos mecanismos como competição, vaidade, egoísmo, críticas, julgamento, individualismo, disputas de poder, controle, arrogância e tudo mais que deriva do medo e da ilusão.

O ego é o que chamamos de Eu Personagem, que é ilusório. Mas acreditamos que somos o ego: simplesmente porque nos olhamos no espelho todos os dias e vemos nosso rosto, nos identificando com nossa porção material. Você acredita que é a Maria ou o José que aparece aí no espelho, você acredita que é a pessoa que está ali no passaporte ou na carteira de identidade. Você acredita que é engenheiro ou professora, você começa a crer na ilusão da matéria, pois é tangível, você toca, você vê, você cheira, a matéria tem sabor, você escuta sua própria voz. Mas não nos damos conta de que não somos. Ninguém é. Todos nós que estamos na Terra, do mais famoso até o mais anônimo, apenas estamos, por um período. Você não é o João Carlos, você está num corpo que tem a identidade de João Carlos. Você não é a Maria Tereza, mas habita um corpo chamado Maria Tereza. Consegue perceber a diferença do Eu Superior e Real, que é e existe eternamente, para o Eu Personagem, que é temporário e superidentificado com a matéria?

Em todos nós existe a porção eterna e a porção temporária, que é o nosso corpo físico material. E você precisa ter exata noção de quem você é de verdade, porque nosso Eu Verdadeiro, Superior e que reside em nossa alma, que é o melhor comandante da nossa vida, tem inteligência superior. Assim como a água que possui diversos estados físicos (sólido, líquido e gasoso) e nunca morre, mas se transforma sempre, nossa alma também segue a mesma natureza, mudando de estado quando necessário. É muito importante a noção de ser e estar, porque o ego costuma nos pregar peças, nos fazendo acreditar que somos aquilo que não somos. É preciso estarmos conscientes de que na vida presente estamos apenas vivendo um personagem, que um dia esse ciclo vai se encerrar, e o que resta é apenas a alma e a experiência que aqui vivemos, as memórias e aprendizados que são registrados na nossa mente e campo de energia. O corpo físico é finito e tem data de validade, mas a alma é eterna, e é muito fácil nos confundirmos, colocando nosso foco na vida material e esquecermos da vida emocional, mental e espiritual, justamente por se tratar de aspectos menos tangíveis do nosso ser.

A ilusão é criada pelo ego ▶ O ego é o Eu Personagem ▶ A visão de mundo do Eu Personagem é estreita e materialista (focada só nos aspectos da matéria)

O ego briga pela sobrevivência e quer ter o controle de tudo. O Eu Personagem é inimigo do fluxo da vida e não combina com os aspectos evolutivos do universo.

Preste atenção em como nossa sociedade foi construída: quase tudo o que foi feito ao longo da História teve como objetivo o poder e a dominação, com base na competição e na violência.

Preste atenção nos scripts dos sistemas religiosos, por exemplo, que foram feitos para controlar a população: na maioria das religiões existe um vilão, que pode ser o demônio, o inferno etc., existe uma situação para impor medo, como a vida após a morte, ou seja, se você não se comportar como exigem os dogmas da doutrina, o demônio vai te pegar, ou então você vai para o inferno.

O demônio é uma alegoria criada para impor medo daquilo que é intangível e invisível. Porém, o demônio é a nossa ignorância, crueldade e selvageria que habita em cada um de nós. O demônio é o ego, a ilusão, o Eu Personagem, ou seja, nós mesmos quando estamos desconectados de nossa matriz original e com o Eu Personagem conectado no turbo, quando fazemos maldade, julgamos, quando nos desequilibramos, quando cometemos crimes terríveis.

O demônio está dentro de cada um de nós quando nos desconectamos de nossa própria natureza. As religiões e os livros sagrados antigos possuem uma estrutura tão alegórica que, se hoje estudarmos a ciência e a física quântica, poderemos analisar claramente que são apenas alegorias e metáforas criadas para controlar as massas. **E você? Será que você é controlado pelo medo dessas alegorias e metáforas ou você tem domínio das rédeas da sua vida? Você é livre?**

RESUMO DO MEDO:

▶ O medo é uma frequência alimentada pelo Eu Inferior, por traumas e paradigmas, portanto, você pode modificá-lo.

▶ O sistema de vida que você utiliza cria a realidade dos seus sonhos? O que você está fazendo funciona para você ter uma vida de realizações?

▶ O esforço é necessário, mas o esforço excessivo pode indicar que se trata de uma meta do seu Eu Personagem. Quando você está remando contra a maré e fazendo um esforço descomunal, sobrenatural, para conquistar alguma coisa, isso pode significar que você está com a meta errada, pois a meta é do seu Eu Personagem e não da sua alma.

▶ Preste atenção em seus paradigmas: eles estão dominando a sua vibração e atraindo mais do mesmo.

▶ Você precisa reconhecer paradigmas errados e construir novos paradigmas de acordo com suas metas. Se você duvida que possa ter prosperidade, faça o seguinte: fique bem próspero primeiro, porque depois é mais fácil você deixar de prosperar, mas não deixe de experimentar isso por ter crenças limitantes. Por exemplo, se você ficar rico e não gostar, é mais fácil doar tudo o que tem e voltar a viver na pobreza, então viva essa experiência, pois, enquanto não vivê-la, você estará apenas imaginando. É importante experimentar!

▶ Para criar novos paradigmas que lhe tragam prosperidade, você precisa de mentores, sintonia elevada, exercícios e repetição. Na maioria das vezes somos educados durante uma vida inteira para vivermos na mediocridade. Então treino e repetição são necessários para nos reeducarmos em uma nova sintonia.

▶ Consistência é a chave: hoje, amanhã e depois.

▶ É importante termos mentores, pois eles já chegaram ao lugar que queremos conquistar. O mentor conhece o caminho e sabe nos ajudar. É como um professor que já se formou, estudou e trilhou uma jornada para poder ensinar. Podemos aprender sozinhos, mas isso é muito mais difícil. O mentor encurta o tempo e diminui a curva de aprendizado. O mentor não faz por você, mas mostra o melhor caminho, o melhor método e o melhor jeito. É comprovado científica e filosoficamente que o mentor faz a sua vida sair mais barata e, no mundo de hoje, o mentor é a pessoa que vai economizar tempo na sua existência. A moeda da vida atual é o tempo. Mentor é a pessoa que pega na sua mão e faz você economizar tempo.

Lembre-se sempre: os medos escondem seus maiores tesouros!

SEUS MEDOS ESCONDEM PISTAS DO SEU PROPÓSITO DE VIDA

Sofrimento

O sofrimento acontece quando o Eu Personagem quer controlar os fatos da vida para que ele tenha mais do mesmo e fique reinando em sua zona de conforto. O Eu Personagem precisa que as coisas aconteçam da maneira que ele acha que precisam ser, porque ele tem a visão estreita, encurtada, e só consegue se proteger, ele está sempre na defensiva, como um animal selvagem.

Quando as coisas não saem de acordo com o que o Eu Personagem quer, ele sente mais medo, mais raiva, mais preocupação. E o sofrimento vem dos venenos que produzimos em nossa mente. O sofrimento que você tem hoje provavelmente vem da necessidade de controlar as situações que não são passíveis de controle.

> **Existem dois tipos de pessoa no mundo: as que são causa e as que são consequência.** As pessoas que são causa não oscilam sua energia em função de fatores externos, elas respeitam seus valores, princípios e força interna, enquanto as pessoas consequência vivem sua vida com base nos fatos externos, como a opinião alheia, a mídia, a moda, e acabam se tornando espectadores da vida e dependentes emocionais, porque sempre precisam de algo externo para se posicionar e validar sua existência.

A maioria dos sofrimentos que temos em nossa vida vem de um trauma e das nossas memórias de dor. Raramente sofremos no momento presente, pois quando um fato ruim acontece, são as nossas memórias e traumas do passado que nos causam dor, e você diz para si mesmo: "De novo! Não aguento mais passar por isso!"

O medo e o sofrimento são traumas que ficaram carimbados em sua alma.

O sofrimento é um conjunto de sensações péssimas do Eu Inferior, e isso tudo constrói a frequência do medo, nosso próximo assunto.

A FREQUÊNCIA DO MEDO

Existem duas doenças catalogadas pela medicina oficial originadas da frequência do medo: síndrome do pânico e transtorno bipolar, que são patologias criadas pela nossa mente. A principal característica dessas doenças é um processo de sintonia entre o doente e a frequência do medo.

Esse processo funciona de forma similar a uma régua de frequência das estações de rádio: vamos supor que na estação 89.3 toque samba, na 102.7 toque rock e na 108 toque música clássica; cada doença também tem um endereço em que estamos sintonizados. A maioria das pessoas, convencida pela medicina oficial, afirma que essas doenças ocorrem por deficiência na produção de determinadas substâncias, e isso é real, mas a questão é: o que causou essa deficiência na produção das substâncias que nos tornam estáveis?

Foram as emoções negativas e, no caso do transtorno bipolar e da síndrome do pânico, o medo se apresenta como o grande vilão. O medo afeta o equilíbrio dos chacras, que, por sua vez, não conseguem abastecer as glândulas com energia suficiente, e as nossas glândulas endócrinas principais, quando funcionam aquém da sua capacidade, não produzem as substâncias suficientes para manter a nossa saúde.

As doenças criadas pela mente e pela alma, como a síndrome do pânico, normalmente têm origem em nossos traumas, que muitas vezes são fortes demais para que nossa mente consiga lidar com eles e absorvê-los de forma natural e sem ajuda externa, como terapia, por exemplo. As doenças criadas pela mente têm origem nos paradigmas de medo cristalizado. É como se o medo tomasse forma e se transformasse em um monstro, que está sempre na iminência de aparecer.

A síndrome do pânico também pode ter origem no comportamento, como as pessoas que são intensas em situações de terror, ameaças, generalização e associação. E a mídia está cheia dessas coisas. Quando assistimos noticiários e filmes de terror e sofrimento, a nossa vibração acredita no que viu e enfraquece seu campo de energia, pois o medo se instala. **Tudo o que você vê, você acredita e, acreditando, replica. Com isso, o universo entende que você quer mais do que viu para sua vida.**

Então, procure se desvincular de notícias ruins, principalmente ao vivo, em que existe uma energia mais concentrada e o impacto é maior. Pode ter certeza de que aquilo que é importante, ou que você precisa saber, vai dar um jeito de chegar até você. Alguém vai lhe contar, ou seja, o universo vai dar um jeito de você saber. Faça um grande favor a você mesmo e pare já de se conectar a notícias ruins. Não é alienação, é proteção.

Quanto mais situações geram medo e pânico na sua vida, mais isso indica que o seu DNA energético modulável está sintonizado na frequência do medo, como se você tivesse procurado no rádio a estação que toca medo e gostasse de escutar aquela música. E, por algum motivo, você não consegue se desconectar dessa "rádio do medo" e, cada vez mais, você atrai situações para sentir medo.

Um bom conselho para quem está procurando se curar de síndrome do pânico ou de medos e fobias em geral é parar de escutar essa música ruim. Desligue a TV, afaste-se de pessoas tóxicas e reclamonas, e comece a se conectar apenas com o que lhe faz bem. É difícil no começo, porque medo, raiva, mágoa e reclamação viciam, e é comum uma pessoa que reclamou a vida inteira não conseguir parar, sofrer de abstinência e se sentir descaracterizada, não se reconhecer mais devido à sensação de vício que esse tipo de emoção provoca.

Então, pare de trazer desgraças aos seus olhos, pare de olhar para aquilo que você não deseja para a sua vida: morte, doença, acidente, assalto, corrupção, fofocas. Foque na sua própria vida e assuma as rédeas da sua jornada.

Um pouco de medo é até necessário para manter nosso discernimento e evitar atos desmedidos e atrocidades, mas se você se deixar paralisar pelo medo, então você já abandonou o protagonismo da sua vida e todas as suas potencialidades.

[COMO **ELIMINAR** TRAUMAS E MEDOS]

O trauma e o medo são um campo de energia. Quando o mecanismo de trauma e medo é acionado com algo do mesmo padrão, ele reage da mesma forma, não importando se isso já aconteceu, está acontecendo ou ainda vai acontecer. Para acabar com traumas e medos, precisamos eliminar a programação deles, trocando os velhos e nocivos paradigmas por novos comportamentos. Podemos criar muitos elementos para driblar esses traumas e medos, como a repetição de afirmações, falas em voz alta, escrever repetidas vezes, até que a nossa mente esteja preparada para assimilar esses novos conceitos.

Gostaríamos que, nesse momento, você escrevesse repetidas vezes, e você também pode ler em voz alta enquanto escreve, para fixar melhor. Repita a seguinte frase:

▶ ▶ ▶ **Eu me comprometo a destravar minha vida!**

_____
_____
_____
_____
_____

Destravar a sua vida implica você ter a vida que sempre sonhou, com saúde, felicidade, alegria, bons relacionamentos, amor, prosperidade e tantas outras coisas que você deseja. Destravar a sua vida também significa viver nos seus próprios termos e não nos termos dos outros. Então direcione seu foco para isso e não espere mais para ser exageradamente feliz.

OS PRINCIPAIS TIPOS DE MEDOS

Sentimos, o tempo todo, uma vasta gama de medos: medo de não ser bom o bastante, medo da opinião alheia, medo de sentir medo, medo de agir, medo do futuro, e tantos outros...

Segundo o grande pesquisador da área comportamental Napoleon Hill, a Humanidade experimenta seis grandes medos:

- Medo da pobreza
- Medo da doença
- Medo da velhice
- Medo de perder o amor de alguém
- Medo da crítica
- Medo da morte

Existem outros tipos de medo que também são muito fortes:
- ► Medo de agir
- ► Medo de não pertencer a algum grupo (família, amigos, sociedade, escola)
- ► Medo de não ser amado
- ► Medo de não ser bom o bastante
- ► Medo de fracassar
- ► Medo de perder tempo
- ► Medo de ser ignorado ou excluído

Nesse momento, olhando para esses tipos de medo, faça uma reflexão sobre quais medos você ainda tem e liste aqui, honestamente, os tipos que você mais sente. Lembre-se de que não há problema em ter inimigos (no caso, aqui, os medos), o problema é não saber quem eles são e como atuam. Então agora é hora de deixar claro quem são seus inimigos:

_____
_____
_____
_____
_____
_____

Os seus maiores medos escondem a chave da mudança a jato, e escondem seus maiores tesouros. Se você conseguir dominar o medo, avançará como um foguete em várias áreas da sua vida. Os exercícios que estamos trazendo neste livro são perfeitamente preparados para que isso aconteça. Não subestime a simplicidade deles, pois conseguem trazer a clareza que se conecta com os links inconscientes da sua mente, que são chaves para abrir bloqueios que você nem sabia que existiam.

Você quer uma mudança rápida? Preste atenção nos seus medos. O problema não é ter inimigos, mas não saber quem eles são e como atuam. Dificilmente vamos eliminar os medos, mas precisamos domá-los, adestrá-los para que trabalhem a nosso favor.

Às vezes, tudo o que você precisa é separar medos reais de medos idiotas. Já fez isso alguma vez? Tente fazer, você vai se impressionar. O exercício é simples. Faça a mesma lista de medos e faça a pergunta para cada um deles: esse medo é real ou é idiota? É real por quê? Como assim? O que justifica ele ser um medo real?

Depois disso, você conseguirá um bom filtro de medos reais *versus* medos idiotas. Os medos idiotas não precisam ser desmerecidos, mas devem estar em outro nível de importância. Somente essa diferenciação na sua mente racional já vai mudar tudo.

O medo é uma reação: e toda reação pode ser controlada. A memória da dor é quase sempre pior do que a própria dor.

Você está sentindo medo ou está sintonizado na memória da dor?

Todo medo é um campo de energia e, por isso, pode ser modulado com uma frequência diferente.

Então, caso você ainda não tenha feito os exercícios até agora, volte no livro desde o começo e faça-os com muito capricho. Além disso, poderá contar com técnicas extras que vamos demonstrar no capítulo de práticas e exercícios — elas têm o poder de editar as memórias de dor e medo, e você terá a sensação de leveza sobre tudo o que aconteceu, encarando essas situações como aprendizados necessários ao seu crescimento e desenvolvimento.

Repetimos: você quer uma mudança rápida? Preste atenção nos seus medos. O problema não é ter inimigos, mas não saber quem eles são e como atuam.

[VOCÊ JÁ LEVOU UMA **FLECHADA** DOS **ANJOS**?]

A partir desse momento, você vai querer saber se o que está acontecendo na sua vida é obra de Deus ou do diabo, se é obra do bem ou do mal. Até aqui, acreditamos que você já tenha compreendido que não há um Deus que pune, mas normalmente quem é religioso, não importa o caminho, tem uma visão de que existe um culpado e um vilão, então, quando alguma situação se apresenta em nossas vidas, em vez de nos concentrarmos no aprendizado, focamos em tentar entender por que estamos passando por isso ou, então, o que fizemos para merecer esse "castigo". Essa é uma fala comum para quem segue uma religião. Porém, compreendemos o karma como uma lei natural, como uma consequência que tem origem em nossas ações, como diria Isaac Newton, um simples movimento do universo em sentido oposto e com a mesma intensidade da energia que emitimos.

Nesse momento, seria bom você se dedicar a interpretar os sinais que o universo dá. O universo atua através de leis naturais e ele sempre nos envia sinais claros o tempo inteiro, através das sincronicidades e coincidências. Na maior parte do tempo, nós é que estamos distraídos demais para perceber e interpretar esses sinais, que vêm para nos dizer em qual frequência nosso DNA energético está modulado. Quando a sua vida está indo para um rumo ruim, o universo sempre se comunica através dos sinais, procurando corrigir a sua rota, portanto, as flechas dos anjos são situações aparentemente negativas, que surgem em sua vida para lhe mostrar um novo caminho e mudar sua direção. As flechas dos anjos são um aviso da sua própria vibração para informá-lo de que você está desalinhado com seu propósito e missão de vida.

Agora, gostaríamos de lhe apresentar alguns exemplos bem comuns de flechas dos anjos:

Dificuldades em geral: carreira travada, relacionamentos que não dão certo. Isso é um aviso de que algo não vai bem, de que a frequência está errada, de que o padrão emissor está diferente do que você deseja como receptor. É como se você quisesse plantar pêssego e colher batata. O que você vai colher depende necessariamente do que você plantou.

Demissão: muitas vezes a demissão ou perda de um contrato é interpretada como fracasso. Quando isso acontecer, preste atenção ao que a situação quer dizer. Algo bom de se fazer é dar um passo para trás, como se você enxergasse a situação de fora, pois quando estamos dentro dela, nossas memórias, paradigmas e o medo de fracassar comandam nossas emoções e não conseguimos raciocinar.

Acidentes: acidentes acontecem para mudar nossa rota de vida. Um acidente não é provocado por uma entidade do mal, nem pelo demônio, mas por uma necessidade de parar tudo e corrigir o caminho.

Crise conjugal e problemas de relacionamento: essa flecha demonstra que você precisa mudar sua vibração e ponto de atração para aproximar pessoas mais compatíveis com sua energia. Está na hora de rever seu círculo de amizade e relacionamento.

Falta de amizades: se você está muito sozinho, talvez seu Eu Personagem esteja com programações que dizem que amizades são algo negativo em sua vida. É preciso editar essas memórias para atrair pessoas incríveis.

Vida bloqueada: parece que está tudo travado e nada anda. Isso indica que você precisa colocar sua vida nos trilhos e agir na direção das mudanças necessárias.

Assaltos: essa flecha indica que suas programações de medo já dominaram a sua vida e precisam urgentemente de correção.

Fraudes: se você caiu em algum golpe, provavelmente um tempo antes falava muito desse assunto e estava com medo de acontecer com você.

As flechas dos anjos podem ser mais suaves ou mais intensas, dependendo do que você precisa aprender. O universo costuma nos avisar de formas mais leves, mas como nos distraímos, precisamos das flechas dos anjos para aprender de forma mais profunda em menos tempo, como em um curso intensivo, e o universo se utiliza dos instrumentos pedagógicos que tem: uma cama de UTI, uma doença grave, uma demissão, uma gravidez indesejada, uma mudança de cidade ou até de país, a perda de um ente querido, enfim, são situações aparentemente negativas, mas que nos fazem aprender de modo intenso num curto espaço de tempo.

As flechas dos anjos que já surgiram na minha vida foram:

_____
_____
_____
_____
_____
_____
_____
_____
_____
_____
_____
_____

RESUMO:

▶ Vale a pena dedicar energia para separar medos reais de medos idiotas, assim seu foco no que realmente importa ser combatido vai melhorar sua resolução de problemas.

▶ Modo perfeito de viver: aprender sempre (estudar), ensinar e ajudar.

▶ Seus maiores medos escondem a chave da mudança a jato (domine um medo e avance feito um foguete em alguma área da sua vida).

▶ O medo é uma reação, e toda reação pode ser controlada.

▶ A memória da dor é quase sempre pior que a própria dor.

▶ Todo medo é um campo de energia e, por isso, pode ser modulado com uma frequência diferente.

É essencial percebermos que uma das ações mais importantes para a conquista de uma vida de sonhos é a decisão e o comprometimento de executar o que você decidiu. Assumir um compromisso consigo mesmo implica redirecionar a sua vida, mudar a sua autoimagem, estabelecer limites, ou seja, partir para uma grande reforma. Quando se trata da casa onde moramos, sempre relutamos em fazer reformas, pois, além de ser caro, gera incômodo, sujeira, preocupação e inúmeros transtornos. Quando queremos transformar e destravar a nossa vida, não é diferente. Precisamos quebrar as estruturas dos paradigmas e de crenças que carregamos desde antes do nosso nascimento. E assim como a reforma da casa, depois que o processo está concluído, tudo melhora e a vida assume um novo patamar. Aprendemos, evoluímos e crescemos. E isso depende única e exclusivamente de você, das suas decisões e atitudes.

Tudo o que acontece na sua vida, seja bom ou ruim, resulta dos seus paradigmas: da casa onde você mora até suas amizades ou a sua conta bancária. Tudo isso resulta do seu conjunto de paradigmas, que podem ser transformados desde que você queira, decida e aja.

Comece por você. Não fique esperando pelas pessoas que o rodeiam. Você não precisa da aprovação, opinião ou autorização de ninguém para destravar a sua vida.

Aja agora.
Vamos em frente?
Vamos em direção
aos nossos sonhos?

[BRUNO GIMENES & PATRÍCIA CÂNDIDO]

PARTE 3

VOCÊ AINDA PODE SER RICO

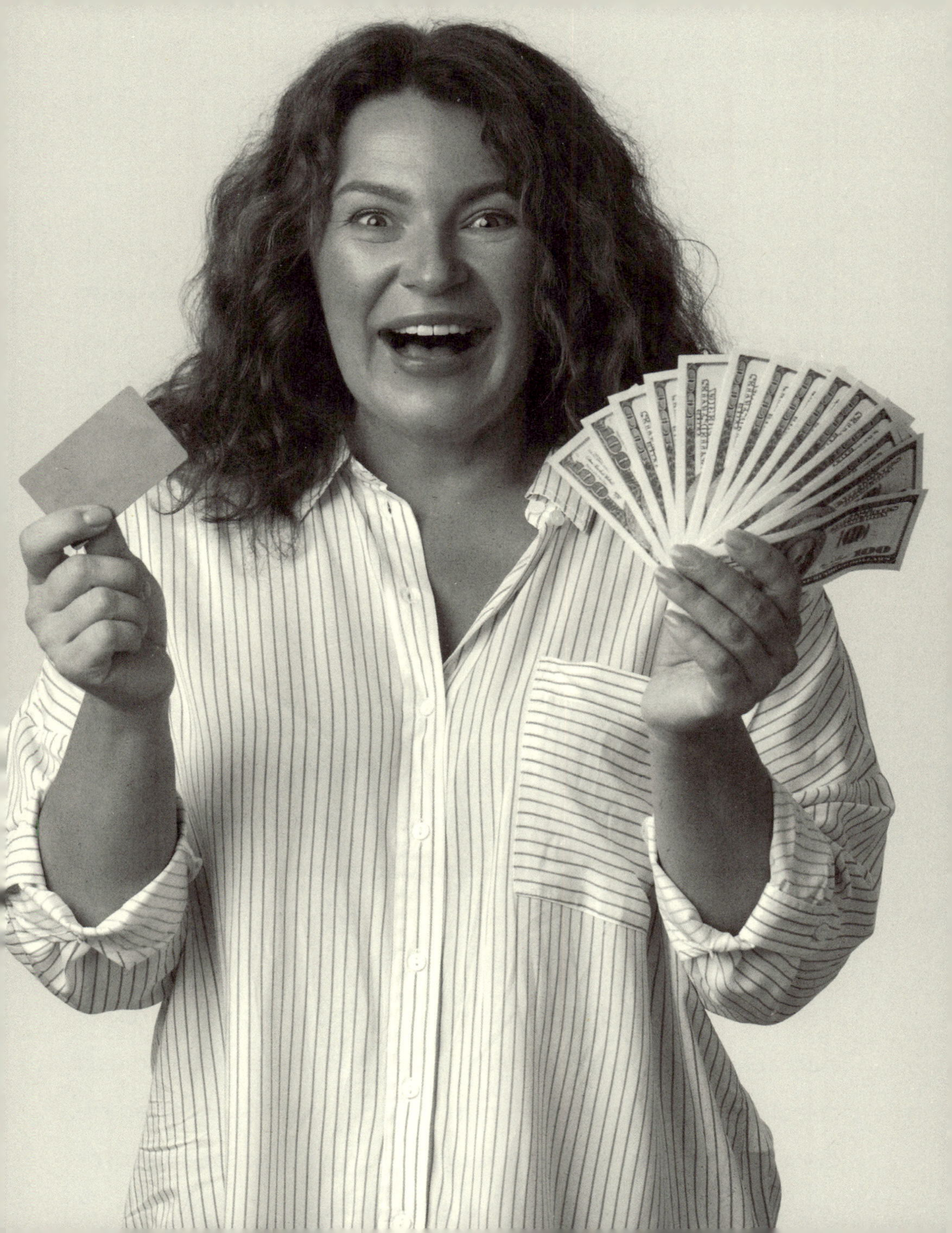

[NOSSA **BRIGA** COM A PROSPERIDADE]

Quem nos conhece hoje não imagina os perrengues pelos quais já passamos em nossa vida financeira. Histórias tristes, desde quase passar fome até ter que tomar medidas extremas para conseguir sobreviver, faziam parte de nossa rotina há um pouquinho mais de dez anos. Naquela época, já estávamos em busca de uma jornada que nos levasse à prosperidade, que não se tratava apenas de dinheiro, mas de liberdade, tempo livre, bons relacionamentos, saúde, felicidade e, claro, dinheiro e recursos abundantes.

Porém, naquela fase de nossas vidas, ainda não conseguíamos entender os fatores que travavam completamente a nossa prosperidade, e um deles era a reclamação. **Quando reclamamos de tudo e somos emissores de críticas dos mais diversos tipos,** nossa vida se torna um centro de atração de mais motivos para reclamarmos e criticarmos tudo e todos à nossa volta. Quando sua vida está centrada na crítica e na reclamação, tudo murcha, nada floresce, porque seu foco está direcionado ao externo, ao outro, ao que acontece ao seu redor e isso faz com que, em vez de protagonista, você se torne um espectador da sua própria existência.

Se pudéssemos dar apenas uma dica sobre prosperidade, seria: pare de reclamar e comece a agradecer. A ótima notícia é que podemos dar muito mais dicas, conselhos e até mentoria, pois somos professores dessa área e já transformamos milhares de vidas, mas a dica mais importante e fundamental para se ter prosperidade e abundância é substituir qualquer reclamação e crítica por gratidão.

Por exemplo, se você tem um conflito de relacionamento com sua sogra, agradeça pela oportunidade de aprendizado que essa situação está lhe oferecendo. Se você está triste com sua situação profissional, pergunte a si mesmo: "O que posso aprender com isso?" E agradeça pelos aprendizados que as situações e pessoas lhe trazem, porque sempre é tempo de aprender, lembrando que esse é o real motivo pelo qual estamos aqui na Terra: evoluir, aprender e ser muito felizes!

TODO PROBLEMA É UM CAMPO DE ENERGIA

É curioso como as pessoas não percebem. Você fala de algo que o está incomodando ou de algo que é o seu maior medo, motivo de reclamação ou crítica, e o que acontece? Na hora, você sente um peso. Isso acontece porque todo problema que você cita é um campo de energia e, como tal, pode ser ampliado ou dissolvido.

Desenvolvemos uma técnica bastante poderosa e inédita no mundo em 2018. Essa técnica se chama Aura Master e, para resumir, podemos dizer que é uma tecnologia da mente ou, como alguns chamam, uma espécie de nova terapia. Ela consegue liquidar medos, traumas e ressentimentos em 35 minutos ou menos. **Sabemos que isso pode até parecer bom demais para ser verdade, mas, quando você conhece o Aura Master e o poder do método, você entende por que funciona com tanta precisão.** Para simplificar, o maior segredo do Aura Master é modificar o padrão vibracional do campo de energia do problema. As pessoas não entendem como o pensamento tem um poder absurdo de criar esses campos e torná-los densos, negativos, graças ao pessimismo, falta de gratidão e visão equivocada dos medos. E se tem algo que ajuda nesse processo de purificação dos campos de energia dos problemas em sua vida é a prática racional e organizada da gratidão.

A GRATIDÃO O TORNARÁ LUZ

A gratidão é um dos principais pilares no processo de prosperidade. Para falar de uma experiência real que associa gratidão e prosperidade, vamos retomar aqui a história de Gregg Braden, um grande escritor e pesquisador de prosperidade, que foi até o deserto viver com uma tribo e aprender com um xamã. Naquela região não chovia há muito tempo, o xamã se retirou da tribo e começou a caminhar, então Gregg se juntou a ele para observá-lo. O xamã encontrou um lugar sagrado e começou a fazer uma dança, e nesse ritual apenas agradecia e agradecia repetidas vezes. Então Gregg perguntou a ele: "Por que você só agradeceu e não pediu a chuva?", e o xamã respondeu: "Porque quanto mais eu agradeço, mais o universo me manda motivos para agradecer". E o xamã ficou ali dançando até a chuva começar. Existe até um ditado popular que diz: "Por que a dança da chuva funciona? Porque o xamã só para de dançar quando chove".

Prosperidade é um processo similar a essa história. Quem deseja ter prosperidade deve integrar a gratidão nas raízes mais profundas de sua vida e começar a ser grato por tudo. Aqui não estamos falando de uma gratidão rasa, vazia ou da boca para fora, mas de uma gratidão sentida de forma profunda.

Existe a gratidão sintética, onde a pessoa expressa um agradecimento só por educação ou etiqueta, e essa é apenas uma palavra, sem energia. Podemos comparar a gratidão sintética a uma flor de plástico, que não tem vida, energia nem perfume... **e nossa bússola interior tem discernimento suficiente para saber quando uma pessoa está agradecendo verdadeiramente ou não.**

E existe a gratidão real, profunda, conectada com a Fonte Superior e com o universo. A pessoa grata, ao acordar, já expressa gratidão pela oportunidade de um novo dia, de um novo amanhecer. Quando conseguimos expressar nossa gratidão nesse nível, a energia da prosperidade se conecta a nós e se mantém presente em nossa vida, trazendo abundância em todos os níveis.

A gratidão afasta da nossa vida o drama, o sofrimento, a dor e qualquer situação de infelicidade. A gratidão é um verdadeiro milagre.

Claro, no início é mais difícil você agradecer por uma situação ruim, uma dor ou uma doença, mas focando no aprendizado que temos em cada uma dessas situações, um grande processo de amadurecimento acontece. É como uma inversão de ótica em que conseguimos enxergar o mundo com outros olhos.

Se você sentir dificuldade em agradecer, lembre-se sempre de que, como tudo, nossa mente está recheada de paradigmas e, com a gratidão, isso não é diferente, pois gratidão é treino. Se você está com este livro em mãos, lendo, aprendendo e absorvendo conhecimento, não importa em que estágio sua vida se encontra, você já é um abençoado e tem milhões de motivos para agradecer. Apenas precisa treinar, praticar a gratidão.

Vamos começar?

Liste aqui 10 motivos pelos quais você é grato:

1. _____
2. _____
3. _____
4. _____
5. _____
6. _____
7. _____
8. _____
9. _____
10. _____

A gratidão real vibra na mesma intensidade da prosperidade e irriga todas as células com energia de alta frequência; é como se, nesse momento, todas as nossas células entrassem em sintonia perfeita e trabalhassem pela mesma causa e propósito.

Assim, nosso ser fica integrado — mente, corpo, alma e emoções se encontram no mesmo momento, totalmente conectados.

É importante compreendermos que, no início, talvez você consiga ser grato, mas ainda não consiga parar de reclamar. E está tudo bem, desde que você continue sendo grato, pois, assim, de forma natural, a gratidão vai ocupando o espaço que a reclamação tomava na sua vida. Lembre-se de que a reclamação vicia muito, como qualquer substância tóxica ou entorpecente — é tão grave, que já tratamos pessoas que desistiram da terapia porque não conseguiram vencer a reclamação. Ao parar de reclamar, é comum nos descaracterizarmos e não nos reconhecermos mais. Lembre-se sempre de que reclamação é um vício, e que se você não insistir em se reprogramar, pode se sentir diferente a ponto de não se reconhecer. É muito curioso, porque, com esse conflito de identidade, o seu Eu Personagem passa a acreditar que é melhor voltar a reclamar para ter a sensação antiga. O resultado é que, nesse processo sabotador do Eu Inferior, você pode se perder e voltar a se tornar crítico e reclamão.

Com frequência, algumas pessoas chegam a experimentar a maravilha de uma vida com gratidão, mas os paradigmas e o Eu Personagem são bem fortes e acabam vencendo, porque o caminho do autodesenvolvimento e do crescimento pessoal é relativamente simples, mas nem sempre é fácil. E quem tomou a decisão de evoluir precisa persistir, insistir, cair e levantar, aprender, e jamais desistir para poder crescer.

O Eu Personagem é cheio de *serás* e ele vai fazer essas perguntas internamente: "Será que funciona?", "Será que vai dar certo?", "Será que posso confiar nessa estratégia?" e, em meio a tantos *serás*, vamos nos perdendo do caminho da gratidão.

As pessoas que sofreram muito ao longo da vida, muitas vezes, não conseguem ser gratas justamente pelos traumas de sofrimento que carregaram durante sua jornada, e o Eu Personagem reforça esses pensamentos com frases do tipo: "Nossa, está tudo tão bem na minha vida que não é possível; daqui a pouco vai acontecer uma desgraça, só pode! Está tudo bom demais pra ser verdade!"

Além do seu Eu Personagem, existe o Eu Personagem das pessoas que o rodeiam e pode ser que elas não sejam compreensivas com seu processo de transformação. Então é possível que seus amigos ou familiares que possuem um aspecto carrancudo, mal-humorado ou sofrido questionem as suas mudanças. Isso aconteceu conosco, as pessoas mais próximas nos chamavam de bobos alegres e nos julgavam por estarmos felizes em um mundo de tanta crueldade, violência, discriminação, desgraça e fome. Repetidas vezes fomos chamados de lunáticos pelo simples fato de expressarmos a nossa felicidade. Claro que não somos hipócritas e sabemos de todas as dificuldades que nosso mundo enfrenta, porém, decidimos dedicar nossa vida a esse trabalho de desbravar pessoa a pessoa, mostrando a elas que podemos, sim, ser felizes e que isso parte de uma decisão apenas. Essa decisão muda nosso jeito de ser, nosso comportamento e nos tornamos pessoas melhores, então é normal que os grupos com que você convive achem estranho e sabotem seu processo. Cuidado com isso. Tome a sua decisão e vá em frente, mesmo sem apoio. Você não precisa da aprovação de ninguém para buscar a sua felicidade.

Então, não que você não possa mais reclamar, mas existe um conceito que chamamos de **Duas Gavetas: existe dentro de você a gaveta da reclamação e a gaveta da gratidão.** Se você deseja ter prosperidade e felicidade, a gaveta da gratidão precisa estar sempre muito mais cheia do que a gaveta da reclamação. Para cada reclamação, agradeça por cinco bênçãos que você tem. Se cada vez que você reclamar, agradecer por cinco coisas, o seu estoque de gratidão estará sempre bem cheio. Com isso, aos poucos, a gratidão vai preenchendo seus dias. O antídoto para a reclamação é a gratidão.

Quem é grato tem escudo imunológico, sorte, alegria, felicidade, atrai gente boa, dinheiro e abundância em todas as áreas. Quem é grato se sente feliz pela vida e abençoado por suas conquistas. A gratidão preenche nosso ser, nos traz saciedade, com aquele sentimento de *tudo posso, tudo realizo, tudo tenho*. A gratidão aniquila a escassez, transformando-a em pó. Quando somos gratos, nos sentimos preenchidos e abundantes.

Quanto mais você treina, mais será capaz de sentir a gratidão em todos os níveis do seu ser e, por fim, você se tornará a própria luz divina atuando aqui na Terra.

Então, nesse momento, repita essa frase em voz alta:

Nesse momento, eu me comprometo em ser mais grato e destravar a minha prosperidade.

[O TRANSFORMADOR CONCEITO DAS DUAS GAVETAS]

Já falamos sobre esse assunto antes, mas é importante reforçar que não é porque você não está totalmente insatisfeito com a sua vida que você não vai dar uma reclamadinha. Então organize seus processos de gratidão e reclamação como se fossem duas gavetas: uma acomoda a gratidão e outra acomoda a reclamação e, necessariamente, a gaveta da gratidão precisa estar bem mais cheia do que a gaveta da reclamação. Portanto, cada vez que você reclamar, coloque essa reclamação lá na gaveta, mas, em compensação, agradeça por cinco ou mais bênçãos presentes em sua vida. **E de vez em quando confira como estão suas gavetas.** Se a gaveta da reclamação estiver muito cheia, comece a agradecer, pois gratidão é treino. Faça listas de gratidão diariamente e exercite até estar bem treinado.

VOCÊ É GRATO OU ACHA QUE É GRATO? (SEM ABSURDA SINCERIDADE VOCÊ NÃO VAI CONSEGUIR RESPONDER)

Na maior parte do tempo, você pensa que é grato, mas não tem a verdadeira gratidão. Para ser grato, você precisa de energia, vibração e uma espontaneidade na hora de agradecer, como um processo natural. É algo forte, intenso, e não algo apático e morno. A gratidão real pulsa como um coração. Quem é grato volta a ser criança, porque passamos a nos impressionar com coisas muito simples, como uma árvore, uma flor ou uma borboleta. Paramos para contemplar a beleza da natureza e agradecemos inclusive pelo dom da visão e por podermos admirar as belezas que estão por aí. Existem pessoas que, se forem tocadas por uma borboleta, vão espantá-la, xingar, espernear, de tão desconectadas que estão com a energia da gratidão. Enquanto alguns veem isso como sinal de sorte e bem-aventurança, outros reclamam do azar de serem tocados por uma linda borboleta. E essa decisão parte de cada um.

Quem tem a sensibilidade de perceber a magia da vida em tudo, de ver Deus na respiração, na árvore, na borboleta, no cachorro e em todas as manifestações vivas, entendeu o verdadeiro sentido de gratidão e vive esse propósito.

Gratidão é quando acordamos pela manhã e sentimos o prazer de estar vivos. Existem pessoas que reclamam de ter acordado pela manhã e ainda brigam com Deus, reclamando por terem acordado mais um dia nessa vida tão ruim.

Nesse momento, você já pode perceber que tudo parte das nossas escolhas e decisões e, quando escolhemos o amor e a gratidão, tudo vai se encaixando com perfeição para realizarmos uma vida de sonhos.

Não importa onde você esteja, é possível reverter sua situação. Por mais difícil que sua vida esteja, você tem muitos motivos para agradecer. Você deve ter superado muitas coisas em sua vida para ter chegado até aqui. Então use essa mesma força de superação para mudar seus hábitos e paradigmas e conquistar a vida dos seus sonhos.

É muito importante escrever uma lista de gratidão e falar em voz alta, pois assim usamos o sentido da audição, e tornamos o processo mais consciente.

Escreva aqui mais cinco motivos de gratidão. Depois de escrever, fale em voz alta para que sua mente consciente assimile como verdade. "Mas eu já escrevi vários motivos de gratidão no exercício anterior." Sim, essa é a questão. Você pode mais! Escreva, confie no nosso método.

1. _____
2. _____
3. _____
4. _____
5. _____

[AS QUATRO CHAVES PARA **ATIVAR O AMOR** NA SUA VIDA]

Para elevar o seu ponto de atração, colocando-o na mesma sintonia do fluxo da prosperidade, é necessária a ativação do amor na sua vida. O amor é essencial, fundamental, a partícula presente em todas as formas de vida. O amor divino, o amor da fonte criadora, está sempre presente em tudo. Na literatura clássica, Cristo normalmente está associado a Jesus, mas, em sua tradução literal, Cristo tem como significado a energia onipresente e onisciente que ocupa todos os espaços vazios e alimenta a vida na Terra, assim como Jesus, Buda, Krishna e outros mestres também receberam a energia do Cristo por um período, para que pudessem transmitir Sua sabedoria aos seres humanos. Partindo desse conceito mais abrangente, Ele, O Cristo, está no meio de nós no sentido de que a energia crística permeia todos os espaços vazios. A energia crística é a própria manifestação do amor universal. É a energia vital do planeta, que abastece energeticamente tudo o que é vivo.

Então você deve estar se perguntando por que existem pessoas que se afastam de modo voluntário dessa energia tão amorosa e feliz. Por livre-arbítrio nos afastamos da energia crística sempre que decidimos vibrar na zona negativa da régua da mente, onde estão os sentimentos inferiores e que nos distanciam da energia do amor. **É uma questão de escolha. Quanto mais longe do amor, mais afastados de nossa missão e propósito.**

Quando o amor sai da nossa vida, o mal entra automaticamente e já estamos vibrando na zona negativa, porque, por livre-arbítrio, tomamos essa postura diante dos fatos da vida.

Sempre que acreditamos que sentir raiva, ficar doente, sentir ansiedade ou ódio são coisas normais, nos afastamos de nossa essência. Tome muito cuidado para não confundir o que é comum com aquilo que é normal. Mesmo que a maioria das pessoas no mundo esteja fazendo algo, isso não significa que seja correto, então pode ser comum, mas se está em desacordo com a natureza não é normal. Mesmo que a maioria dos seres humanos tome a decisão de se desconectar de sua natureza e não sentir mais amor, isso não significa que é normal. Pode até ser comum, mas normal não é. Aprenda a tomar as rédeas da sua vida e fazer suas escolhas com base no que você acredita e não na opinião alheia.

1. ADMIRAR O SUCESSO DOS OUTROS

Para ativar o amor na sua vida, é muito importante cultivar a admiração e respeito pelas outras pessoas. Em vez de sentir inveja ou ciúme, que estão na zona negativa da régua da mente, é importante que você admire. Se a outra pessoa conquistou algo que você ainda não tem, tenha humildade para aprender com o sucesso dela, em vez de sentir raiva.

Muitas vezes você pode entrar nesse processo de forma bem inconsciente. Vamos supor que você veja uma modelo na TV assinando um contrato milionário: logo seu Eu Personagem já vai lhe fazer sentir raiva e você vai desenvolver uma conversa mental que diz: "Olha esse corpo, olha como ela é linda, e ainda rica, tem todo o luxo que quer, teve as oportunidades certas, é muito sortuda". O que muitos de nós não vemos são os bastidores do glamour, onde é comum uma menina de 13 anos já estar morando no exterior, longe da família, sem poder comer o que gosta e vivendo em sofrimento para poder construir uma carreira. Então, muitas vezes, comparamos os nossos bastidores com o palco da outra pessoa, esquecendo-nos de que todos passamos por momentos de angústia, dor e sofrimento. Com frequência, quando observamos o sucesso do outro, não vemos as partes doloridas por trás do sucesso. Mas você pode ter certeza de que todos nós experimentamos momentos de derrota para poder conquistar a glória do sucesso.

Ao aumentar a admiração pelo sucesso alheio, você começa a aumentar também o nível de amor na sua vida. Aumentando o nível de amor, você começa a atrair pessoas compatíveis com a sua energia, forma parcerias e relacionamentos incríveis, encontra o grande amor da sua vida, simplesmente porque você decidiu sentir amor e navegar a favor da correnteza universal, e não ficar como um maluco tentando nadar contra a correnteza em um rio cheio de ódio, mágoa, reclamação e raiva. Vibe é uma decisão. Você estar aqui nesta parte do livro também foi uma decisão. Você ter levantado da cama hoje foi uma escolha. Talvez você nem tenha percebido, mas, chegando aqui, você já é diferente da pessoa que começou a ler este livro.

Você já se transformou e, quando você decide pelo amor, pelo perdão, pelo estender a mão, você se santifica, se autoabençoa, porque você é uma partícula crística e tem esse poder. E isso tudo parte de você, de uma decisão que você toma.

Vibrar no amor é uma poderosa escolha, pois quando você se abastece de amor, se torna mais poderoso, elevado, iluminado e imbatível na conquista das suas metas e sonhos.

2. SER INSPIRADO POR ALGUÉM

Outro passo muito importante é você ter mentores e se sentir inspirado por alguém. Quando você admira os passos de alguém que já chegou aonde você quer chegar, sua curva de aprendizado diminui e você chega mais rápido aos seus objetivos. Por que ficar perdendo tempo com tentativa e erro quando alguém já percorreu esse caminho? Esse é o conceito de mentor: alguém que pode acelerar seus resultados em um tempo menor.

O ideal é que tenhamos mentores e referências em várias áreas da nossa vida, por exemplo, imagine que você queira empreender na área de gastronomia: quem seria seu mentor nessa área? Quem já percorreu essa jornada e poderia facilitar tudo para você? Depois comece a imaginar vários aspectos, como finanças, saúde, crescimento pessoal, família, relacionamentos, sua espiritualidade — quem seriam seus mentores em cada uma dessas áreas? Quais são as pessoas referências na sua vida?

Quase sempre, quando confiamos em alguém e encontramos sabedoria nessa pessoa, podemos confiar várias áreas aos conselhos dela... e é aí que cometemos um erro grave, pois raramente alguém é bom em tudo. Quando cometemos esse erro, somos mal assessorados e muitas vezes podemos comprometer nossos sonhos. Quando pedimos conselhos aos nossos familiares, por exemplo, sua intenção sempre será a proteção, pois o conceito de família surgiu em nossa ancestralidade com o objetivo de defesa, de que a união do grupo familiar era necessária para enfrentar animais ferozes e superar desafios, como clima, fome e outros problemas, na era das cavernas. Foi daí que surgiram conceitos como "a família é a base de tudo" e "nada é mais importante que a família", justamente para que, através dessa união, o grupo se fortalecesse. Porém, dentro da família, existe competição, controle, comparação e cobrança. Por isso, mesmo tendo plena confiança no seu pai, que é funcionário público aposentado, por exemplo, como você poderia pedir a opinião dele sobre investimentos de risco ou empreendedorismo? Que tipo de conselho viria de uma pessoa que preza por estabilidade e proteção? Que conselho sua mãe, dona de casa e casada há cinquenta anos, poderia lhe dar sobre divórcio?

Aqui, de forma alguma estamos dizendo que a família não é importante, mas apenas alertando para o fato de que uma família é formada por seres humanos e não deuses. Como seres humanos, somos falhos e normalmente as opiniões vindas da família servem para aprisioná-lo na própria estrutura familiar. Mesmo que você não concorde conosco, apenas reflita sobre isso.

Quer conselhos sobre pneu de carro? Fale com um borracheiro. Quer conselhos sobre unhas? Fale com uma manicure. Se sua irmã é manicure, ótimo, então fale com ela. Se não, procure um especialista, alguém que possa ajudá-lo de verdade, sem julgamentos, lhe mostrando o melhor caminho, sem interesses de controle e cobrança envolvidos.

Com os mentores certos, você faz muito mais em menos tempo.

Escreva aqui quem são seus mentores em cinco áreas da sua vida. Primeiro escreva a área e depois o nome da pessoa (mentor ou mentora):

1. _____
2. _____
3. _____
4. _____
5. _____

Procure como mentores pessoas fortes, solares, resilientes, que gostem de vencer. Esteja sempre perto de pessoas assim, que te desafiem a ser mais e te instiguem a crescer e sair da zona de conforto. Não perca seu tempo ouvindo a opinião de pessoas que falam e não agem, não invista seu tempo em fofocas de comadre e grupos de reclamação nos aplicativos de mensagem. Às vezes nos concentramos em grupos e pessoas que nada acrescentam na nossa vida e, lamentavelmente, as estatísticas dizem que somos a média das pessoas com quem mais convivemos; isso impacta em nossa renda, sucesso, carreira, saúde e todas as áreas. A verdade é que não são apenas as cinco pessoas, mas sim as pessoas com quem você mais convive.

Essas pessoas com quem você mais convive, não importa se são seus familiares ou colegas de trabalho, ditam sua frequência, sua vibração, sua energia, sua saúde, porque a convivência entrelaça os campos de energia e sua tendência é o equilíbrio, portanto, se você se mistura a essas pessoas, perguntamos: **com quem você anda misturando a sua energia?**

De repente você tem uma ótima energia e alta vibração, mas as pessoas que o rodeiam são tóxicas, então a tendência é que sua energia caia, seu Eu Personagem tome posse e você se torne alguém tóxico também. Avaliar seus mentores e grupos aos quais você pertence é uma das coisas mais importantes que você pode fazer por si. Tome muito cuidado e preste atenção a isso.

Quando estamos em momentos difíceis da vida, nossa autoestima cai e podemos escolher mentores menos preparados que não vão exigir muito de nós, justamente para não termos muito trabalho. **Sinta-se merecedor de tudo o que a vida é capaz de lhe proporcionar.** Você merece ser muito feliz, saudável e próspero. Procure os melhores e esteja ao lado deles.

Quando você aceita menos que o sensacional na sua vida, seu Eu Personagem está no controle, você está se boicotando. Você está desistindo de si mesmo e não está se valorizando. E, para o universo, não faz tanta diferença se você está maltratando alguém na rua ou maltratando a si mesmo, pois, para as leis naturais, você é uma pessoa igual a qualquer outra. Se você faz mal para si, é como se estivesse causando mal para qualquer ser humano, é indiferente. Para o universo, não faz diferença se você mentiu para alguém ou para si mesmo. As leis naturais apenas entendem que você está fazendo o mal, não importa para quem. Pense sobre isso e comece a se elogiar, a falar para si mesmo o quanto você é incrível. Assim você começa a desenvolver o autoamor, a autoconfiança, seu Eu Superior começa a entrar em ação e sua vida volta aos trilhos da realização, da prosperidade e da plenitude.

3. SER FONTE DE INSPIRAÇÃO

Assim como é fundamental você encontrar mentores, é importante que, em algum nível, você seja inspiração para alguém. Como nos ensinaram a maioria dos Grandes Mestres, nossa missão genérica está vinculada aos pilares de aprender, ensinar e ajudar; e, quando somos inspiração para a vida de alguém, nosso nível de felicidade aumenta muito. Os Grandes Mestres, como Jesus, Buda, Mikao Usui, Yogananda, Confúcio e tantos outros, viviam suas vidas com base no conceito de Mahakaruna, centrado no amor por servir. É a ajuda e inspiração que oferecemos ao mundo que valida a nossa existência, que preenche o vazio que todos temos em algum momento, e que nos traz a sensação de dever cumprido, de propósito alcançado.

Você pode inspirar as pessoas que o rodeiam de muitas formas: com palavras de apoio, com um sorriso, um abraço, com seu tempo, escutando um desabafo, ou seja, ajudando da maneira que puder. Muitas pessoas não praticam a caridade, pois acham que, para isso, é necessário dinheiro — esse é um engano terrível. A origem da palavra caridade é a mesma de carinho, atenção, afeto. **Doe o que você tem.** Se é amor que você tem, seja mais amoroso, saia da defensiva, do medo... Se você sabe tocar violão, ensine para alguém. Se você sabe bordar, ensine a alguém... Muitas vezes deixamos de ensinar alguém, porque não nos achamos bons o suficiente, e acabamos por não experimentar uma das maiores virtudes da vida: inspirar alguém.

Por exemplo, você pode ensinar a alguém tudo o que aprendeu até agora nessa obra. Não seja tão autoexigente. Uma das melhores formas de aprender é ensinar. Apenas dê o primeiro passo que o universo põe o chão.

Coisas que posso fazer para inspirar pessoas (coloque aqui seus talentos, o que você pode ensinar e como pode ajudar o mundo):

1. _____
2. _____
3. _____
4. _____
5. _____

4. AGRADECER, SENTIR-SE GRATO

Além de encontrar um mentor que o inspire, ser fonte de inspiração para outras pessoas e cultivar a admiração pelo sucesso alheio, também é fundamental ser grato, como já falamos anteriormente no texto sobre gratidão. **Essas quatro chaves são fundamentais para ativar o amor na sua vida e também para encontrar o amor da sua vida.**

A gratidão é o ponto mais importante na conquista da vida dos seus sonhos. A energia da gratidão ajuda na comunicação com o universo e faz com que as leis naturais trabalhem a seu favor, atraindo só situações incríveis para sua vida.

Faça da gratidão seu estilo de vida.

[AS CHAVES PARA **DESTRAVAR RAPIDAMENTE** A SUA VIDA (SEM TER QUE SE MATAR POR ISSO)]

Já falamos aqui em diversas oportunidades que a prosperidade é um fluxo de energia com que você se conecta quando vence o Eu Personagem, modifica seus paradigmas e decide suas metas.

O processo de prosperidade é como uma dança e não depende de força, mas do método correto. Então, quando você empreende esforço para conquistar prosperidade, existe um peso desnecessário que apenas gera cansaço e que pode acabar em desmotivação e autossabotagem.

A dor mais presente na vida da maioria dos nossos seguidores e alunos é a falta de prosperidade, no conceito amplo de abundância em todos os sentidos, e desde o início do livro temos falado sobre ela. Também falamos sobre o conceito de quem somos verdadeiramente: um campo de energia que vibra, sendo essa vibração modulada pelos nossos pensamentos e sentimentos.

No final do século XIX e início do século XX, as pessoas até falavam que o pensamento positivo funcionava, mas não existiam comprovações sobre isso. Só havia algo escrito nesse sentido em livros sagrados, o que remetia às crenças religiosas, e a ciência não dava créditos a essa teoria. Hoje a física quântica, clássica, a psicologia, a psiquiatria e a filosofia comprovam que a qualidade dos nossos pensamentos influencia diretamente em todas as áreas da nossa vida.

Mostramos a você aqui, desde o início, que tudo o que você pensa e sente influencia diretamente na sua vibração, mas o seu inconsciente tem o poder de afetar 95% da sua energia. Então, suas metas e objetivos declarados e conscientes representam 5% da sua vontade, e aqueles não declarados representam 95%. **Sua vibração determina onde você está vibrando na régua da mente, e é esse pensamento/sentimento governante que dita as regras da sua vida.**

Por isso, é importante você ter autorresponsabilidade, assumir as rédeas da sua vida e, através da repetição continuada, treinar sua mente para vencer e reprogramar os paradigmas, até que a mágica comece a acontecer para sua vida se transformar.

Então se concentre profundamente nos próximos passos, pois eles são fundamentais para a conquista de uma vida de sonhos!

Vamos fazer o que precisa ser feito e sua vida jamais será a mesma. Com frequência, as coisas se desenrolam e a prosperidade vem de uma forma que nem conseguimos controlar. Você terá acesso a uma prosperidade sistêmica, crescente, profunda, que se torna um hábito na sua vida.

A prosperidade manifesta sintomas: felicidade, saúde, dinheiro abundante, sucesso, bons amigos, viagens, tempo livre, paz… prosperidade é tudo isso.

Está pronto? Então vamos às oito chaves da prosperidade com o mínimo esforço.

1. MUDAR A SUA AUTOIMAGEM

Quando você fecha os seus olhos, quem você enxerga? O que as outras pessoas falam sobre você? Você se vê uma pessoa frágil? Gorda? Magra? Indecisa? Insegura? Medrosa? Você se enxerga como deselegante e gostaria de ser elegante? Como você se vê? Dedique um tempo para refletir como você se vê hoje e como gostaria de se enxergar.

Como me vejo hoje:	Como quero me ver:
1. _____	_____
2. _____	_____
3. _____	_____
4. _____	_____
5. _____	_____

Quanto mais praticamos o processo de autoimagem, mais nos tornamos parecidos com a autoimagem que queremos criar. Lembre-se de que nossa autoimagem também é um paradigma que precisamos romper e é fundamental que haja prática e exercícios de repetição continuada para que esse processo seja eficaz.

Esse é um dos maiores segredos para a autotransformação e é por isso que as dietas, em geral, não funcionam; é por isso que nem todo estudo do mundo gera sucesso profissional, pois mesmo insistindo no método, sua autoimagem é distorcida e diferente da imagem de sucesso. Enxergue-se não como você está agora, mas como você quer ser. Se você deseja sucesso, projete uma imagem de sucesso o tempo todo. Se você quer ter um relacionamento perfeito, veja sua imagem de felicidade vivendo o que você deseja. Essa é a tônica. Nem todo conhecimento do mundo sobre investimentos vai enriquecê-lo se sua autoimagem é de uma pessoa miserável e da qual você sente pena. Autopiedade só lhe empurra para baixo e você vai se afundando cada vez mais. Se você não mudar sua autoimagem, o ponto central de sua prosperidade não foi resolvido. Concentre-se nisso, criando em sua tela mental, diariamente e várias vezes por dia, a pessoa que você deseja se tornar.

No nosso mais poderoso treinamento on-line para destrave da prosperidade (o método Aura Money®), um dos principais pontos de atenção é justamente a reprogramação da autoimagem.

Não é fazer a leitura da sua autoimagem desejada por um único dia que tudo vai se resolver. Você deve fazer o Aura Money® por pelo menos trinta dias para uma reprogramação duradoura. E, passando esse primeiro mês inicial, você também deve continuar exercitando até que a nova autoimagem se torne real. Não subestime o poder dessa técnica, porque ela é revolucionária.

2. ACABAR COM AS RESISTÊNCIAS E CRENÇAS NEGATIVAS

Quando falamos em resistências, estamos nos referindo a tudo aquilo que um dia você já ouviu falar como crenças limitantes e que nem sabe que tem. São padrões inconscientes que nos acompanham através da genética, da educação e do meio onde nos desenvolvemos. **Essas crenças foram impregnadas em nossa personalidade de uma forma tão arraigada que, muitas vezes, acreditamos serem impossíveis de transformar.**

As resistências têm origem em nossas crenças e travam a nossa prosperidade. Podemos chamar de resistências tudo aquilo que faz você acreditar que ter prosperidade é ruim, que faz você não se sentir merecedor e que o impede de aceitar o lado bom da vida. Se você escuta alguém lhe dizer: "Quero ser muito rico", o que passa por sua mente? Você fica desconfiado? Sente raiva? Acha que a pessoa enlouqueceu? Se você sente isso, sua mente está recheada de paradigmas e programada nessas resistências que impedem a sua prosperidade. Para prosperar, você precisa eliminar as resistências que o impedem de entrar no fluxo da prosperidade, precisa encontrar motivos, ou seja, buscar motivação para gerar riqueza na sua vida.

Porém, se suas crenças limitantes estão borbulhando em seu inconsciente, por mais que você empreenda esforço para prosperar, dificilmente conseguirá. As crenças e resistências são pesadas como pedras em uma mochila que você carrega e, enquanto não houver libertação desse peso, você não consegue se elevar e subir até o fluxo da prosperidade. Para chegar lá, é preciso leveza.

Então, quanto a esse item, sua principal tarefa é se tornar um caçador de crenças. Você as vasculha em sua mente e as exorciza o quanto antes, pois elas são como repelentes de uma vida fluida e próspera.

Exemplos de crenças limitantes sobre a prosperidade:

Não vale a pena investir. A vida é curta e preciso gastar tudo agora.

*É mais fácil um camelo passar pelo buraco de
uma agulha do que um rico entrar no reino dos céus.
Os ricos só pensam em dinheiro.
Não tenho conhecimento suficiente para adquirir riqueza.
Para ser rico é necessário ter amizades por interesse.
Ter muito dinheiro me torna menos espiritualizado.
Ficar rico não é para pessoas como eu.
Ricos são esnobes.
Devo ter apenas o suficiente para viver,
mais do que isso é ganância.
Dinheiro não é importante.
Ricos não são felizes.
O dinheiro é sujo.
Dinheiro não traz felicidade.
Estou muito velho para essas coisas.
Eu sou muito novo para enriquecer.
Pessoas ricas são más e antiéticas.*

Se esses pensamentos já passaram ou ainda passam pela sua cabeça, você tem muitas resistências para tratar. Elas são inconscientes e podem ser eliminadas à medida que você aplica diariamente tudo que está sendo revelado neste livro.

Nosso estudo publicado no livro *O Tratado da Prosperidade* e no Programa on-line Aura Money® revela mais de 118 crenças ou repelentes antiprosperidade. Isso significa que essa lista citada anteriormente revela alguns entre tantos que podem existir. Não descanse até encontrar essas crenças dentro de você e modificá-las profundamente.

3. BLOQUEAR A CONSPIRAÇÃO RPR

Talvez você não conheça o maior construtor de paradigmas antiprosperidade da nossa existência. É um sistema antigo, emaranhado em sua estrutura familiar, genética e social, o que faz você ter comportamentos sem saber por quê. Estamos falando de uma grande conspiração, que chamamos de RPR. Cada uma dessas três letras tem uma fundamentação e um papel no seu conjunto de paradigmas:

Religião: há milênios existe uma necessidade social de controle das grandes massas. A religião tem uma função social de controle e traz promessas aos seus adeptos, como alegria, saúde, bem-estar, salvação, reino dos céus, desde que a pessoa seja fiel aos dogmas estabelecidos e que seja temente a Deus.

A prosperidade livre de religião que propomos aqui possui uma proposta bem mais ampla: alegria, liberdade, bons relacionamentos, amor na família, paz de espírito, conhecimento, viagens, prazeres, ou seja, a prosperidade oferece muito mais do que a religião poderia proporcionar, pois é livre de medos e da obediência a dogmas. Enquanto isso, dinheiro, diversão e prazer são palavras proibidas em alguns segmentos religiosos, para que possamos ser dominados pelo medo e pelo sentimento de não merecimento.

A promessa da prosperidade é muito mais conectada à nossa natureza, e claro que as religiões perceberam isso desde os primórdios e, à sua maneira, bloquearam esse processo através do medo, fazendo-nos acreditar em inferno, demônio e recompensas após a morte, uma estrutura bem simples e alegórica em que bastante gente crê até hoje: "Se eu me comportar, Deus vai me amar e, se eu for do mal, Ele vai me castigar!"

Quando compreendemos a lei da atração magnética, entendemos que Deus é energia e responde energeticamente à vibração que emitimos. Somos emissores e recebemos de volta aquilo que emanamos, portanto, somos julgados e condenados pela nossa própria consciência e pela partícula divina que habita em cada um de nós.

A maioria das pessoas vinculadas a uma religião é correta, honesta, e encontra alento dentro dessa estrutura, porém, existe um percentual das pessoas que detêm o controle das religiões que está interessada apenas em jogos políticos e manipulação das massas. Estamos afirmando isso com base histórica, e em pesquisas científicas. Temos citações e referências que provam essa manipulação e, a partir dessa ideia, criou-se uma crença de que não podemos ir diretamente à prosperidade livre, pois um dia vamos morrer e vamos para o inferno por isso.

Então vem a promessa de salvação, que parte de um salvador, normalmente o messias daquela estrutura religiosa. Nesse momento começa a construção de um sistema para que você tenha a sensação de que sozinho você não consegue dar conta da sua própria vida. De que sozinho você é impotente e insignificante e precisa de alguém para salvá-lo dos vilões, que são o inferno e o demônio.

A religião tenta fazer o contrário do que os Grandes Mestres propuseram! Em vez de estimular uma relação direta do homem com Deus, a religião se coloca como intermediária, como se não fôssemos capazes de estabelecer uma comunicação vertical com nosso Criador. Essa incapacidade proposta pelas religiões faz com que nos sintamos fracos e, de fato, incapazes, assim, buscamos alento nos templos religiosos.

Não estamos julgando nenhum tipo de fé ou devoção, pois isso é tão particular quanto uma impressão digital, mas apenas demonstrando que essa estrutura manipulativa existe e que você precisa estar atento para não cair nessa armadilha de mocinho, bandido, vilão e salvação. **Essa estrutura milenar nos traz a ideia de que precisamos de alguém que vai nos**

libertar, resolver nossos problemas, e assim enfraquecemos as nossas capacidades. Se observarmos a forma com que o ser humano reza, independentemente da religião, é sempre buscando um salvador, e isso foi implantado em nossa estrutura familiar, escolar e social como uma forma de nos vitimizar diante das dificuldades da vida. Os Grandes Mestres que estiveram na Terra falavam de uma proposta de amor e de regras universais de ética e conduta. As religiões são criadas por homens comuns no intuito de preservar a doutrina e sabedoria de um mestre que já morreu e, assim, depois de algumas gerações, começam as discussões, rupturas, cismas, regras, separações, segmentações e a mensagem do mestre começa a se dissipar.

A filosofia das estruturas religiosas está tão inserida no âmago da nossa sociedade que, mesmo sendo ateu, você sofre essa influência.

Ainda que já tenhamos deixado bem claro, vamos explicar de outra forma: questionar a religião (estrutura religiosa) não é questionar o seu Deus nem a sua forma de se conectar a Ele. Na nossa opinião, isso é inquestionável. Porém, todo estudante de religiões e da espiritualidade como um conceito livre tem a obrigação de questionar as bases que segue. Isso não é falta de respeito ou heresia, mas uma mentalidade adequada a todos os estudantes e pesquisadores, pessoas que querem melhorar o mundo com descobertas e, principalmente, quebras de paradigmas.

Por último, não estamos falando mal de Deus, em especial do seu Deus. Não estamos de forma alguma questionando sua ligação com Ele. Estamos questionando paradigmas arcaicos criados por homens tão humanos quanto qualquer um de nós.

Política: o tempo foi passando e a necessidade de controlar as massas foi surgindo à medida que as cidades foram crescendo. Na Grécia Antiga, com o surgimento das pólis, começou a ser criado um sistema para organizar melhor a vida social e as estruturas, como democracia, cidadania e política, começaram a ser implantadas não só na vida grega, mas em todo o mundo como um modelo de referência social e controle de massas — um novo poder que envolvia a participação social surgia desvinculado de religião.

Conforme foram surgindo, os líderes políticos perceberam que já existia um bom esquema de controle das massas baseado na religião, e que, modificando alguns elementos, eles poderiam se beneficiar desse conhecimento. Então a política apenas trocou o salvador religioso pelo líder político e pelo exército armado, o demônio pelos inimigos (guerras e outros países querendo dominar territórios), e a promessa era proteção, saúde, educação, em troca do pagamento de impostos e obediência ao governo.

Essa estrutura sobrevive até hoje e é muito perceptível no marketing das campanhas políticas, em que o político da situação faz promessas, foca nos projetos realizados e pede ao eleitor mais um tempo para conseguir realizar mais. Já o político da oposição foca em criticar o candidato da situação e apontar as falhas ao eleitor. O candidato tensiona os problemas, coloca lenha na fogueira e depois se coloca como o salvador, afirmando que somente ele é capaz de tirá-lo dessa situação injusta e problemática. E o foco dos candidatos, não importa se é aquele da situação ou da oposição, é comprovar o quanto somos fracos e não conseguimos ter sucesso sem eles.

Se você não se propuser a modificar seu DNA energético modulável, dificilmente vai experimentar a liberdade plena. A política percebeu que as promessas bem colocadas mexem com nosso lado inocente e lúdico, e isso se converte em voto, que é o objetivo principal de uma campanha política, e nem sempre o bem-estar coletivo.

Remédios: por último, a cereja do bolo: a indústria farmacêutica. Com o avanço da tecnologia, os grandes estudiosos perceberam que já existia uma estrutura tradicional organizada na religião e na política, então os grandes laboratórios também se utilizaram disso para dominar a população e se inserir em todas as camadas, mostrando a todos nós que, diante das doenças, somos fracos e não conseguimos vencê-las sozinhos, por isso precisamos consumir remédios.

Claro que reconhecemos o avanço da indústria farmacêutica e da medicina na solução de problemas de saúde, mas o maior problema é que diversas fontes de pesquisa apontam que são necessários somente 7% dos remédios produzidos no mundo e que nos Estados Unidos as pessoas estão morrendo mais de efeitos colaterais e contraindicações do que pela doença tratada.

O próprio Prêmio Nobel de Medicina Richard J. Roberts denuncia a forma como funcionam as grandes farmacêuticas dentro do sistema capitalista, que preferem os benefícios econômicos à saúde, e detêm o progresso científico da cura de doenças porque a cura não é tão rentável quanto a cronicidade.

São números alarmantes, e o Brasil é um dos campeões mundiais no consumo de ansiolíticos (remédios para controle da ansiedade) e antidepressivos. É óbvio que podemos nos utilizar dos avanços tecnológicos e da indústria farmacêutica para nos beneficiar e tratar as doenças, mas não podemos transferir a nossa autorresponsabilidade para um comprimido, pois não existe comprimido capaz de limpar seus paradigmas e crenças limitantes.

Não existe comprimido capaz de limpar seus paradigmas e crenças limitantes.

O consumo exagerado, a automedicação e a transferência de responsabilidade do que você pensa e sente em relação aos remédios anula a sua percepção de realidade sobre a vida, transformando-o num zumbi diante das possibilidades que a vida oferece.

A indústria farmacêutica é muito rica e seus apelos comerciais prometem praticidade e eficácia há muitos anos. Esse paradigma foi se instalando em nossa mente a ponto de conhecermos o caminho da farmácia e não o da horta e das plantas. Essa descaracterização aconteceu por conta da vida moderna e das distrações que evitam um contato honesto com quem realmente somos: seres cheios de questões a serem pensadas, avaliadas, curadas.

É comum preferirmos uma pílula mágica para aliviar a dor, o único sinal que o corpo tinha para nos sinalizar que algo precisava de atenção. Ao tirar a dor com um remédio, não conseguimos interpretá-la de forma sensata e compreender a causa que a gerou. Não estamos dizendo que somos obrigados a sentir dor, longe disso. O que queremos dizer é que, ao ingerir um comprimido, também precisamos ingerir grandes doses de consciência para que a doença não precise voltar. Entender a causa da dor e da doença é importante para assumir as rédeas da sua vida e fazer as mudanças necessárias para alcançar a saúde.

Para a indústria farmacêutica não é interessante que você morra, pois assim deixaria de ser um consumidor, então criamos a ilusão de que ela salva vidas, mas será que salva vidas por uma questão humanitária ou para manter seus clientes ativos e consumindo medicações para sempre? Qual a verdadeira intenção? A preservação da vida ou o lucro? Por que toda essa verba bilionária não é investida em programas de prevenção de doenças e atitudes saudáveis? Por que a indústria alimentícia nos deixa doentes?

Todos esses questionamentos precisam ser levantados, pois para a indústria farmacológica, uma das mais manipuladoras e poderosas do mundo, também não é interessante que você seja saudável, pois assim você também deixa de ser consumidor. Então fica bem claro o poder de manipulação desse segmento, que pode ser desfeito quando despertarmos para a verdadeira causa das doenças: **pensamentos, sentimentos e emoções incompatíveis com a nossa natureza e que, quando equilibrados, constroem a saúde plena.**

Depende de cada um de nós a construção de uma sociedade mais consciente, que consuma apenas a quantidade necessária de medicações. Há inúmeros e milenares sistemas de cura natural, aos quais você pode se abrir para conhecer, experimentar, e que são totalmente livres de contraindicações e efeitos colaterais. Você não precisa se sentir aprisionado pela indústria farmacêutica, pois, com a ajuda do seu médico, aos poucos você pode se desvincular de medicações de anos e encontrar internamente uma força natural capaz de sanar qualquer mal.

COMO VENCER A RPR

Existe um paradigma muito infiltrado na mente humana de que não é possível vencer o medo e a doença de forma autônoma e de que sempre precisamos de um salvador. Sempre estamos na esperança de que alguém vai descer do céu em uma nuvem com uma varinha mágica para resolver nossos problemas. O salvador somos nós mesmos quando estamos imbuídos de nosso poder pessoal, pois somos os criadores da nossa realidade. **Somos os donos da nossa vida e, enquanto nosso foco estiver direcionado para a vida alheia e para a conspiração RPR, estaremos desperdiçando a nossa energia sagrada em vão.**

O grande problema da RPR é o desejo ardente de implantar na população mundial o paradigma de "Sozinho não dou conta, preciso de ajuda, preciso que me tirem dessa, preciso de um salvador e um antídoto para os meus males, preciso de um defensor e justiceiro".

Como mentores da área da prosperidade há mais de dezoito anos, podemos afirmar que a religião, a política e os remédios não são forças que transformam o mundo ou a sua vida de forma positiva. No mínimo, se você colocar em escala de importância, vai perceber que não é onde podemos mudar o mundo.

Foque sua atenção no empreendedorismo, que é uma força capaz de estimular o autodesenvolvimento e sua capacitação. Quando falamos aqui de empreender, isso não significa necessariamente ter uma empresa, e sim investir seu tempo em algo que produza crescimento e desenvolvimento pessoal.

Foque a sua atenção em entender o que eleva a sua imunidade. Foque a sua atenção no que você pode controlar.

O tempo é o seu bem mais precioso, portanto tire sua atenção da conspiração RPR, pois o intuito dela é mantê-lo preso e controlado e, quando você se liberta, você cresce, pois sai do espaço apertado dos paradigmas para viver uma vida livre e feliz.

4. DECLARAR SUAS METAS DIARIAMENTE EM VOZ ALTA

Para alcançar seu propósito, você precisa de metas declaradas. Quando não sabemos o que realmente queremos para nossa vida, a nossa vibração fica desorientada, como se não soubesse para onde ir. Em geral, quem não sabe o que quer se contenta com qualquer coisa que a vida envia, e muitas vezes nem lembramos que o que a vida está enviando é apenas o resultado das nossas escolhas: do que escolhemos pensar e sentir, principalmente.

Fale suas metas pelo menos uma vez por dia com voz audível, pois quanto mais sentidos usamos na hora de construir metas, mais o nosso consciente acredita em sua capacidade de realizá-las. Declare suas metas ao universo em alto e bom tom.

Uma boa dica é assistir esse vídeo objetivo e prático de como você pode criar suas metas. **Aponte a câmera do seu celular para o QR Code ao lado e visualize:**

5. VIVER COM SATURAÇÃO, CONSISTÊNCIA, INTENSIDADE

Outra dica importante para a conquista de metas é viver com saturação, consistência e intensidade.

Saturação: está relacionada diretamente a um mergulho profundo em ambientes enriquecidos, estudo e conhecimento sobre o tema principal de suas metas. Assista a vídeos, leia livros, participe de workshops e conferências sobre o tema, até se sentir saturado de informações sobre o assunto. É quando você fica transbordando sobre o tema. **Saturação vem da imersividade.**

Consistência: é a prática diária de alguma atividade relacionada às suas metas. Sem consistência, não formamos a energia necessária que comunica as metas ao universo. Consistência é a constância de propósito em uma única direção, o que chamamos de HAD, ou seja, hoje, amanhã e depois. Essa é a chave para quase tudo na vida.

Intensidade: é necessário empreender força em seus projetos, ânimo, vontade. Se você sente preguiça ou desânimo quando fala de suas metas, questione-se sobre elas. Metas precisam acelerar o coração, trazer brilho aos olhos e diversão para a alma. Se você não está sentindo isso, pense em mudar suas metas. Também não é estranho que, no começo, o brilho nos olhos não seja tão forte, porque, afinal, você apenas começou e não viu resultados ainda. No entanto, quando você persistir e vir os frutos iniciais serem colhidos, sua energia irá às alturas e você ficará cada vez mais animado, e até apaixonado, por seus projetos.

Ninguém pode deter uma pessoa imersiva, consistente e apaixonada por seus projetos, o sucesso é certo.

6. PRATICAR A AUTOSSUGESTÃO DIÁRIA

A autossugestão implica assumir um compromisso diário com suas metas e objetivos. É como uma renovação de votos, onde você se compromete a agir na direção dos seus sonhos. Como estamos há muitos anos inseridos em uma cultura de paradigmas, esse compromisso diário é extremamente necessário para romper nossas crenças limitantes e alavancar nossa coragem para seguir em frente.

7. APLICAR A LEI DO VÁCUO

A lei do vácuo expressa a ideia de que para algo chegar na sua vida, outras coisas precisam se despedir e, para isso, precisamos aprender a nos despedir do que é ruim, tóxico, e permitir que velhos conceitos deixem a nossa vida. Pessoas apegadas ao passado, a uma época em que foram felizes e realizadas ou prósperas, têm dificuldades em lidar com a lei do vácuo. Quando você afirma que preza por estabilidade ou segurança, sua vida está baseada no medo, que vibra na direção contrária do amor. Vivendo assim, você atrai mais situações de medo e instabilidade. Corremos riscos o tempo todo, e nossa incessante busca por segurança e estabilidade faz com que seja comum abandonar a felicidade apenas para termos uma falsa sensação de segurança. Esteja disposto a correr riscos e permita que o novo entre em sua vida e, para isso, desprenda-se: solte o passado e os velhos paradigmas.

O que ou quem preciso deixar ir da minha vida?

1. _____
_____
_____

2. _____
_____
_____

3. _____
_____
_____

4. _____
_____
_____

5. _____
_____
_____

8. MUDAR O SEU PARADIGMA

A mudança de paradigma é o que estamos fazendo desde que esta obra começou a ser escrita. Quando mudamos nossos paradigmas, mudamos a nossa prosperidade. Uma mente inundada de paradigmas que nos limitam e travam nossas atitudes e espontaneidade jamais alcançará a prosperidade real e livre. É necessário um compromisso com sua reforma íntima, uma vontade que seja superior a todas as outras no sentido de olhar atentamente para cada um desses padrões incrustados em sua alma e, de modo honesto, modificá-los com humildade, aceitando corajosa e exatamente quem você é, assumindo seus defeitos e limitações, pedindo ajuda e buscando seu caminho de transformação. **Com dedicação e persistência, você se torna mais criativo e, naturalmente, as soluções surgem em sua vida, como um passe de mágica.**

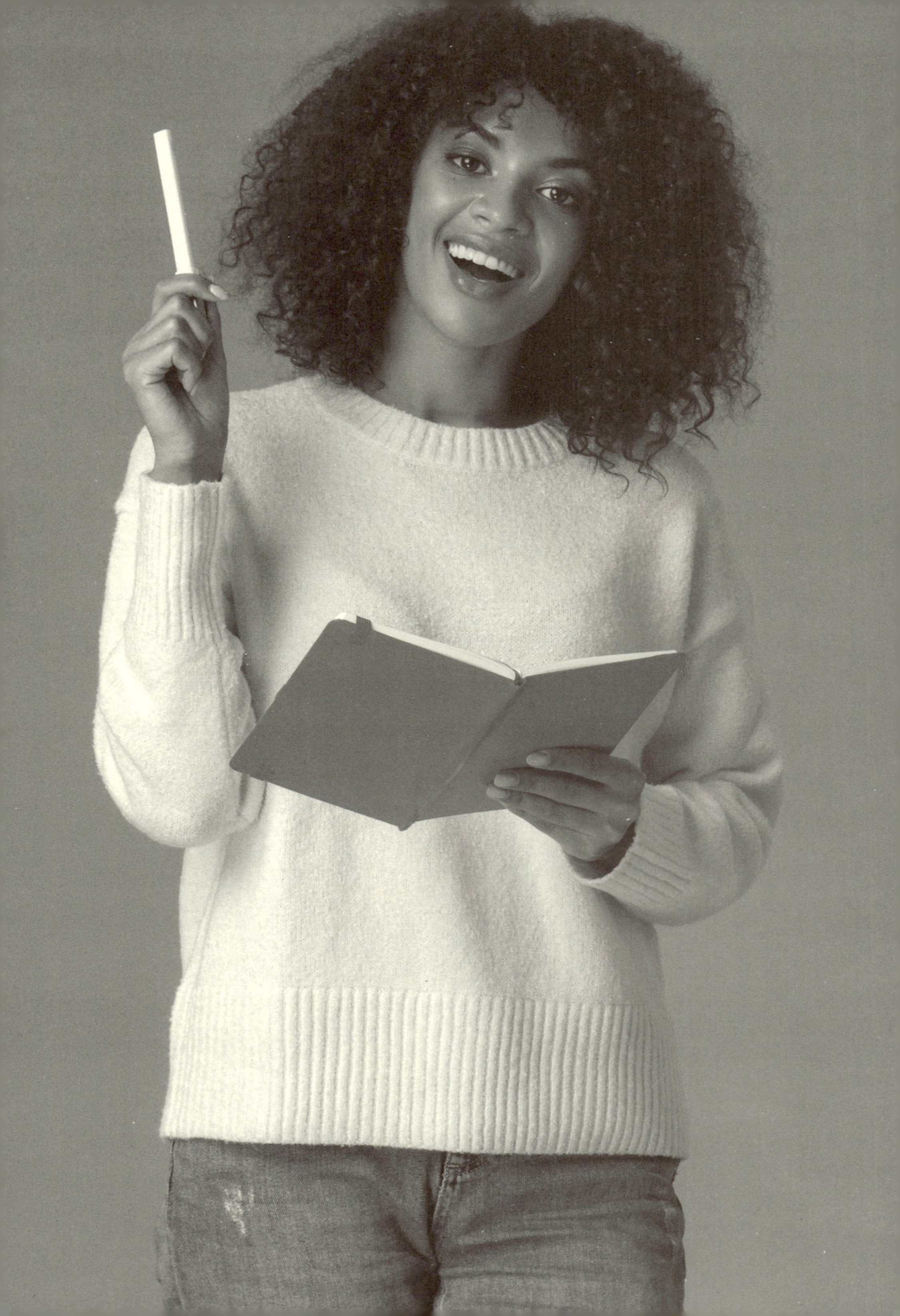

PERGUNTAS E RESPOSTAS
SOBRE O TEMA

Acreditamos que você possa ter várias perguntas sobre esse tema, em especial sobre como ele se aplica na sua vida.

Durante tantos anos trabalhando com esse método, temos recebido uma carga intensa de perguntas, dúvidas e outros questionamentos sobre destravar. Por isso, criamos essa parte especial, com uma série de perguntas e respostas, porém, decidimos fazer de uma forma extremamente objetiva e indo direto ao ponto.

Outro aspecto importante:

As respostas aos seus anseios surgirão de forma natural se você aplicar o método do livro em todos os detalhes e principalmente se seguir as práticas recomendadas no capítulo Exercícios Turbinadores do Destrave.

Atenção:

As respostas podem ser verdades difíceis de engolir, podem ser verdades inconvenientes. Por isso, baixe a sua censura, assimile com calma refletindo sobre cada resposta.

1. É muito difícil destravar minha vida com três filhos para criar e um ex-marido ausente que nem paga a pensão. O que posso fazer a respeito?

Em primeiro lugar, você tem que ver seus filhos como uma bênção e não como um estorvo. Falando assim, você passa uma noção de fardo em relação aos seus filhos. Em segundo lugar, procure a justiça, busque fazer o que é possível de acordo com a lei e depois esqueça isso, concentre-se no que você pode controlar. Volte a sonhar, planeje suas metas, descubra e cure seus medos e, então, destrave sua vida.

Nunca se agarre a uma condição temporária, você está no mundo para ser o criador da sua própria realidade.

2. Eu já tive um negócio próprio muito próspero, porém sofri um acidente, acabei falindo. Nunca mais consegui me reerguer de novo. Me dá uma luz?

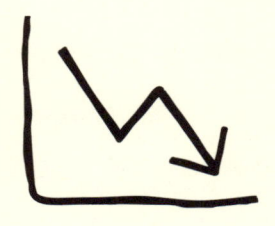

O maior problema no seu caso é que você ainda está sofrendo no passado, lamentando-se pelo que já aconteceu. Aprenda com toda essa história, tire tudo o que aconteceu como aprendizado e siga em frente. Quando você fica falando de algo ruim que lhe aconteceu no passado, você vibra na mesma frequência de um problema que já aconteceu, porém, para o seu inconsciente, isso está acontecendo no momento presente. Siga em frente sem se lamentar, use tudo como experiência, a vida é agora. Veja o exercício do tema Lei do Vácuo e deixe ir tudo que precisa ir. Faça as práticas deste livro com dedicação e veja sua vida mudar.

3. Tenho seguido a minha religião a vida toda, gosto muito dela, mas sinto que tem muitas coisas me travando. Como posso achar um equilíbrio nisso?

A melhor religião é aquela que faz de você uma pessoa melhor. Toda religião precisa receber atualizações, mas, infelizmente, as estruturas religiosas não estão abertas a isso. Então a tarefa cabe a você. Em resumo, pegue da religião apenas o que lhe serve e deixe de lado o que o aprisiona.

4. Como faço para descobrir quem eu realmente sou? Às vezes parece que sou só um personagem.

Todos temos nosso Eu Personagem, e todos estamos em busca do nosso verdadeiro Eu, mas nem todos se dão conta disso. Portanto, se você já percebeu isso, está em grande vantagem, pois agora tem a consciência necessária para seguir nessa busca de forma consciente.

5. Como lidar com a resistência interna ao iniciar a busca por mudança e autoconhecimento?

Você precisa agir apesar da resistência, apesar da crítica, apesar do medo. No começo isso pode parecer extremamente difícil, mas com dedicação, empenho e foco, você vai conseguir. Dedique-se ao máximo nos exercícios deste livro, tenha consciência das suas metas diariamente e visualize, imagine, sinta como se já tivesse alcançado aquilo que deseja, pois isso irá motivar você a seguir em frente e ainda irá alinhar a sua vibração para o universo entender que você está pronto para receber o que pediu.

6. Como mudar a realidade, mesmo sentindo que não consigo fazer nada sozinho?

Na verdade SÓ conseguimos sozinhos, pois o caminho está dentro, e não fora. As pessoas que surgem no caminho podem ajudar, mas a missão é individual de cada um. Então você precisa trabalhar o seu estado interno, buscar o seu ponto de equilíbrio e retomar a sua força, pois você é grande, você nasceu para alcançar todos os seus sonhos; só está precisando retomar o seu poder interior – neste caso os fluxos de Aura Master podem ajudar de forma rápida e fácil.

7. O que fazer para ter motivação e foco para estudar para concurso público?

Não é necessário estudar para concurso. É preciso estudar para ir em busca de um sonho que faça o seu coração feliz. Se a busca é apenas pela ilusória ideia de estabilidade financeira, a falta de motivação é o mais leve dos efeitos colaterais. Depois disso podem surgir a depressão e outras doenças. Quando a sociedade entender que um dos melhores remédios é trabalhar com paixão, os índices de saúde e motivação terão um salto gigantesco, pois quando você busca algo que ama, não existe problema de foco. Pode ter até problemas para dormir, pode enfrentar estresse em alguns momentos do percurso, mas nunca vai faltar foco.

8. Não consigo identificar o que trava minha vida. Como fazer?

Foque na sua vida e esqueça a vida dos outros. O primeiro passo é justamente identificar suas travas, e isso exige autoconhecimento, que por sua vez exige autocuidado. Pare de mendigar amor e aprovação alheia, olhe para si mesmo e para todo o seu valor. Novamente indicamos Aura Master, uma terapia fantástica para alcançar clareza, calma e foco de forma rápida e fácil.

9. Não consigo acreditar que ficarei rico, mas penso em dinheiro o dia todo. Isso é errado?

Pensar e desejar o dinheiro apenas pelo dinheiro não faz sentido. Pense também em ajudar outras pessoas, pense nas coisas boas que o dinheiro irá permitir que você faça por si mesmo e pelos outros, pense em estudar e se preparar para alcançar os seus sonhos. Está faltando um propósito, está faltando um rumo que faça esse desejo de prosperidade fazer sentido.

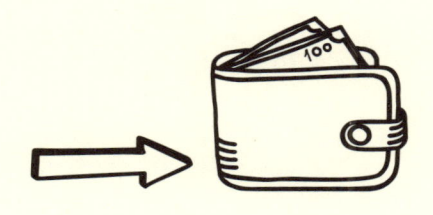

10. O que fazer naqueles dias em que estamos pra baixo, em que pensamos que desistir seria mais fácil?

Desistir é mais fácil se você pensar como imediatista, mas no longo prazo essa falta de persistência cobra o seu preço. Nos dias em que estiver com a vibração baixa, descanse um pouco, pratique a gratidão pelas coisas boas que já conquistou até aqui, assista algo leve para descontrair a cabeça, **pratique a Oração de 4 Etapas, ajude alguém que esteja precisando. Depois disso, você já vai se sentir muito melhor e pronto para continuar!**

EXERCÍCIOS

TURBINADORES
DO DESTRAVE

São muitos os exercícios que você poderia fazer para conseguir destravar sua vida de forma definitiva. Porém, uma das nossas premissas neste livro é ajudá-lo a fazer isso com simplicidade e objetividade.

Pensando nisso, decidimos presentear você com um dos nossos exercícios mais poderosos e de efeito rápido para destravar tudo na sua vida.

Você pode fazê-lo todos os dias se quiser, pois não há contraindicações. E, se desejar, pode fazer até 2 vezes ao dia.

É um exercício conduzido de limpeza de paradigmas limitantes. Faça-o com dedicação e você verá os resultados surgirem com rapidez surpreendente.

Porém, é muito importante você associar esse exercício ao método completo do livro, fazendo os exercícios, respondendo os questionários etc.

Para facilitar sua vida, aponte a câmera do seu celular para o seguinte QR Code e tenha acesso imediato à página do exercício.

Além disso, nessa mesma página, você também irá encontrar outras práticas poderosas que potencializam os aprendizados construídos até aqui. Aplicando os exercícios deste livro e complementando com os vídeos bônus, você verá sua vida se transformar de forma impressionante em pouco tempo.

E se quiser avançar ainda mais no destrave da sua vida, nós o convidamos a conhecer a página com os programas on-line mais poderosos para guiá-lo nessa jornada. Acesse por meio do QR Code ao lado:

PARA FINALIZAR:

EXISTE UMA MÁQUINA DE **DESTRAVAR PESSOAS**

Sabemos que isso é meio esquisito, mas num dia de conversa descontraída, nós dois conversávamos sobre a importância de existir uma máquina de destravar pessoas.

Imagina que demais?!

Pensa nisso: uma pessoa entra de um lado e sai do outro. Ela entra toda travada, bloqueada e confusa. Ao passar para o outro lado, ela abre sua mente, libera suas emoções, conecta-se com um propósito próspero e feliz. Seria legal demais, não é?

Pois nós dois pensamos nisso...

E decidimos que este livro seria essa máquina de destravar pessoas.

Ele é o exato método que temos usado para ajudar a mudar radicalmente a vida de nossos alunos e, agora, no formato de livro, fará o mesmo por você, desde que você o aplique com pragmatismo.

E esse é um ponto importante: pragmatismo.

Faça o que tem que ser feito, transforme o seu livro em sua máquina pessoal de transformação. Aplicando cada exercício e dica do método, você vai se impressionar com os resultados.

Todo ser humano é um canal de Deus para expandir e melhorar o mundo. Todos temos um poder extraordinário de fluir pela vida. Destravar a sua vida é simplesmente limpar tudo que o impede de ser tudo o que nasceu para ser.

Então pegue sua máquina pessoal
de destrave e use com determinação.

Da nossa parte, deixamos nossa melhor energia, nossa melhor intenção e o maior desejo do mundo para que você brilhe sendo quem nasceu para ser.

Muita luz,
Bruno & Patrícia

@brunojgimenes   @pat.candido

BIBLIOGRAFIA CONSULTADA

Para essa obra, buscamos inspiração nos autores:

Napoleon Hill

Gregg Braden

Earl Nightingale

Bob Proctor

Esther e Jerry Hicks

Joe Dispenza

Bruce Lipton

Transformação pessoal, crescimento contínuo, aprendizado com equilíbrio e consciência elevada. Essas palavras fazem sentido para você? Se você busca a sua evolução espiritual, acesse os nossos sites e redes sociais:

Leia Luz – o canal da Luz da Serra Editora no YouTube:

Luz da Serra Editora no **Instagram**:

Luz da Serra Editora no **Facebook**:

Conheça também nosso **Selo MAP – Mentes de Alta Performance:**

No **Instagram**:

No **Facebook**:

Conheça todos os nossos livros acessando nossa **loja virtual**:

Conheça os sites das outras empresas do Grupo Luz da Serra:

luzdaserra.com.br

iniciados.com.br

luzdaserra

Luz da Serra® EDITORA

Avenida Quinze de Novembro, 785 – Centro
Nova Petrópolis / RS – CEP 95150-000
Fone: (54) 3281-4399 / (54) 99113-7657
E-mail: loja@luzdaserra.com.br